AF617481

EL CONCIERTO DE LOS ANIMALES
FÁBULAS

Verbum **Infantil-Juvenil**

Dirigida por: Luis Rafael

Colección creada especialmente para la formación y el disfrute de los primeros lectores. Libros atractivos, con temas, lenguaje y enfoques contemporáneos, que permitirán a niños y jóvenes deleitarse con la lectura al tiempo que acceden a universos donde la palabra es vehículo idóneo para explicar, desde el arte, las disímiles aristas de la realidad.

JUAN JOSÉ TORRES NÚÑEZ

El concierto de los animales

Fábulas

Tr.ª Sierra de Gata, 5
La Poveda (Arganda del Rey)
28500 Madrid
Teléf.: (+34) 910 46 54 33
e-mail: info@editorialverbum.es
https://editorialverbum.es

I.S.B.N.: 978-84-1136-818-6
Depósito Legal: M-23638-2024

Diseño y maquetación: Iván García Molinero
Preimpresión: Adrians Esquivel Romero
Printed in Spain / Impreso en España

Este libro ha sido impreso con papel ecológico procedente de bosques sostenibles.

ÍNDICE

Introducción

La fábula nació en Oriente como una composición literaria breve en prosa o en verso, con la intención de enseñar valores. Los personajes suelen ser animales y al final se pretende dar una enseñanza o moraleja. Luis Rafael Hernández subraya en el prólogo de *Las cien mejores fábulas de Esopo* que "la fábula está en el origen mismo de la literatura". Fue el escritor griego Esopo el que "nos legó un sinnúmero de relatos que luego influyeron en la educación y la literatura del mundo occidental desde la antigüedad hasta hoy". Este género literario pasó de Grecia a Roma. En Europa también circulaban otras fábulas de otros narradores chinos, indios y persas que se difundieron a través de traducciones.

Desde la Antigüedad grecorromana encontramos en la fábula el deseo didáctico de enseñar. Esto lo vemos en Hesíodo, que vivió en los años 800 - 700 a. C. Se le recuerda como el decano de los poetas didácticos. En la primera parte de su libro *Los trabajos y los días* escribió una fábula sobre un ruiseñor y un despiadado halcón. Ocupa un lugar prominente entre los escritores griegos por sus trabajos sobre el currículum escolar en la Grecia antigua.

Esopo vivió en los años 620? - 560? a. C. Fue un escritor griego legendario y la mayoría de los episodios sobre su vida tienen elementos de leyenda. Una antigua biografía suya lo describe como “un narrador jovial de cuentos”. El propósito de sus fábulas es educar a los jóvenes lectores con historias que terminen con una moral explícita, en donde los principales personajes son animales, seres humanos y dioses. Se le considera como el fundador de este género. Los habitantes de Delfos se enfadaron con sus cuentos irónicos, pero Esopo fue querido y respetado como indica la estatua en su honor en Atenas.

El escritor Horacio nació en Roma el 8 de diciembre del año 65 a. C. y murió el 27 de noviembre del año 8 a. C. Se le considera como el poeta lírico y satírico más importante en lengua latina. En una de sus *Sátiras*, compuestas por dos libros, la Sátira II del segundo libro defiende el estilo de vida simple del poeta, uno de los temas de su poesía: el elogio de la vida retirada y tranquila. En la Sátira VI escribió una famosa fábula, “El ratón de la ciudad y el ratón del campo”. En ella ilustra las virtudes de vivir en el campo. El ratón de la ciudad ridiculiza la vida aburrida de su amigo y de la vida rural. Este ratón alaba la felicidad que se puede encontrar en la vida sofisticada de la ciudad. Le aconseja al ratón del campo intentar ser feliz porque la vida es incierta y corta. Por tanto, es mejor vivir en la ciudad. Entonces, el ratón del campo se va a la ciudad. Cuando un día el ratón de la ciudad está cocinando una comida exótica, de repente ocurre una interrupción espantosa que obliga a los dos ratones a salir corriendo para salvar sus vidas. Cuando están a salvo de los perros ladradores que los aterrorizaron, el ratón del campo decide volver a su humilde casa de campo y disfrutar de una vida sin alarmas.

Horacio publicó sus *Epístolas* en dos libros. La última Epístola, *Arte poética*, o *El arte de la poesía*, como se ha traducido al inglés, fue el libro estándar sobre el drama en la Edad Media. Sobre la poesía escribe que el propósito del poeta es "enseñar y deleitar". También señala que la ficción que se inventa para deleitar "debe seguir de cerca la realidad". Y el escritor inglés Samuel Johnson también nos dice que el objetivo de la poesía es "enseñar deleitando".

En la Edad Media, el poeta inglés Geoffrey Chaucer, que nació en torno al año 1343 y murió el año 1400, escribió una fábula muy conocida en su famoso libro *Los cuentos de Canterbury*. En uno de los cuentos, *The Nun's Priest's Tale*, encontramos una fábula de más de trece páginas en donde los principales personajes son animales que representan a seres humanos. El gallo Chauntecleer es muy orgulloso y arrogante y el zorro Russel ha estado esperando la oportunidad para atacarlo. Un día se acerca al gallo y le dice que solo quiere escuchar su bella voz y que no le hará nada. Engreído con las alabanzas, el gallo cerró los ojos y empezó a batir las alas y a cantar. En ese momento el zorro lo agarró por el pescuezo y se lo llevó hacia el bosque. Pero su mujer, la gallina Pertelote, una jauría de perros ladrando y otras gallinas y animales formaron una algarabía aterradora. En ese instante, el gallo vio su última oportunidad y le dijo al zorro: "Yo en tu lugar, daría media vuelta y empezaría a dar gritos a esos patanes". Y el zorro le contestó: "Tienes razón". Y al abrir la boca para gritar, el gallo se escapó y subió a un árbol. El zorro volvió a intentar convencerlo con sus halagos, pero el gallo ya había aprendido la lección. Al final hay una moraleja: "El orgullo precede a la caída".

El poeta escocés Robert Henryson nació en torno al año 1425 y murió en torno al año 1500. Reescribió la fábula de Chaucer en su poema *The Cock and the Fox* [El gallo y el zorro], en su libro *Fábulas morales*. Como trabajó en la enseñanza, se supone que utilizó las fábulas en las clases de latín. Su visión moral es más oscura que la de Chaucer y al final de su fábula, de más de siete páginas, encabeza las dos últimas estrofas con una moraleja, diciendo que el orgullo está lleno de veneno y de presunción. A este poeta no le gustaba la moralidad simplista de las fábulas tradicionales.

Don Juan Manuel nació en 1282 y escribió una famosa colección de cuentos y fábulas, *El conde Lucanor*, "para ilustrar las inteligencias", como dice en la introducción Enrique Moreno Báez. En el Renacimiento, Leonardo da Vinci escribió un libro de fábulas, pero otros autores de su tiempo se han olvidado. Jean de La Fontaine publicó la primera parte de su libro *Las fábulas* en 1662 y la segunda parte en 1679. En ellas los animales tienen características humanas y juegan un papel central, con una moraleja. Y Charles Lutwidge Dodgson nació el 27 de enero de 1832 y publicó el conocido libro *Las aventuras de Alicia en el país de las maravillas*, con el seudónimo Lewis Carroll. En 1960, Horace Gregory dijo que es un libro que pertenece al mundo de las fábulas de Esopo y La Fontaine.

Las fábulas de este libro beben de las fuentes de los grandes creadores de este género literario, pero en ningún momento siguen los preceptos de la moraleja, que ya los conocemos cuando se utilizan como lecturas provechosas para una formación moral. La fábula, como el teatro, tiene un gran potencial didáctico en la enseñanza de los jóvenes. En estas fábulas no encontramos ninguna moraleja, esto nos permite poderlas interpretar libremente sin estar sujetos a ningún precepto. De esta forma se crean situaciones que facilitan la labor del profesorado y la posibilidad de iniciar debates en clase que obliguen a los estudiantes a pensar y reflexionar para que se conviertan en el centro del aprendizaje. Van acompañadas de actividades con diferentes tipos de tareas complementarias, como una breve introducción al mundo de los animales, comprensión lectora, lengua, explicación del vocabulario y conocimiento del medio. Los fines y objetivos son dos: fomentar la lectura como factor primordial para el desarrollo de la competencia en comunicación lingüística de los centros educativos y ayudar al alumnado joven en su formación como lectores críticos, con un material didáctico para enseñar deleitando.

La mariposa vanidosa

Dos mariposas muy amigas, Vanesa y Limonera, salieron una mañana de primavera a dar una vuelta por el bosque. Hacía un día ideal para volar y visitar lugares que ellas conocían. Los colores de las flores resplandecían esa mañana de sol radiante.

LIMONERA. Vanesa, fíjate en las flores que hay junto a ese árbol con esos colores tan vistosos: azul celeste, amarillo limón, blanco, rojo, rosa, verde esmeralda, violeta. Son unas flores preciosas. ¿Te gustan a ti?

VANESA. Sí, son unas flores muy bonitas, pero tienes que reconocer que los colores más vistosos los tengo yo en mis alas. Los insectos lepidópteros somos los más bonitos de la naturaleza. Aunque claro, tú, con unas alas de un sólo color amarillo con cuatro lunares grises, dos antenas y un cuerpo de color gris oscuro, pues la verdad es que no eres tan guapa. Te falta algún color más. Nuestra vecina Aurora tiene las alas amarillas, pero también tiene blanco y unos lunares negros muy bonitos. Ella es más guapa que tú. No te enfades conmigo Limonera porque te estoy diciendo con sinceridad lo que pienso. Y también, Aurora tiene que reconocer que no puede compararse conmigo.

LIMONERA. Vanesa, tú tienes unos colores preciosos. Me alegro que la naturaleza te haya creado tan guapa. Los diferentes colores de tus alas, tus lunares blancos grandes y tus lunares negros pequeños, tan simétricos, son verdaderamente bellos. Pero mi querida amiga Vanesa, la belleza se va con el tiempo, es perecedera. No te ilusiones mucho con tu belleza porque la puedes perder en un instante. Hay que buscar la belleza interior más que la belleza exterior. Hay otras cosas bellas mucho más importantes, como la felicidad, la inteligencia, la bondad, la generosidad, las buenas acciones, la solidaridad. Por ejemplo, lo más bello entre tú y yo no son los colores de nuestras alas, sino nuestra amistad.

VANESA. Limonera, reconozco que tú eres una buena amiga mía, pero creo que tú hablas así porque te sientes celosa de mi belleza. Tú sabes muy bien que las que no son guapas dicen que la belleza no es importante porque, claro, ellas son feas. ¿Cómo van a decir que una cosa es importante si ellas no la tienen?

LIMONERA. Vanesa, te equivocas. Yo no siento celos de ti. Y tú lo sabes muy bien, pero insisto en que para mí la belleza va por dentro. Esa belleza nunca se pierde con el tiempo, al contrario, aumenta.

VANESA. Entonces, vamos a disfrutar de este hermoso día de primavera y a volar por sitios desconocidos del bosque.

LIMONERA. Vanesa, me gusta la idea, pero es mejor que visitemos a nuestra amiga Aurora que está enferma y no sabemos si ha mejorado.

VANESA. Eso lo podemos hacer mañana. Vamos a vivir el presente sin pensar en nada más.

LIMONERA. Lo que tú quieras Vanesa, pero tenemos que ser prudentes y precavidas con lo desconocido.

VANESA. No seas una aguafiestas Limonera. Vamos a disfrutar de la experiencia de volar por esos arbustos que parecen misteriosos. Vamos a pararnos en uno de esos a la derecha.

LIMONERA. Mejor que los inspeccionemos primero. Yo prefiero volar más alto.

Limonera dio una vuelta alrededor de los arbustos y al no ver a Vanesa comenzó a gritar: "¡Vanesa! ¡Vanesa! ¿Dónde estás?"

VANESA. ¡Limonera, estoy aquí atrapada! ¡Por favor, ayúdame! ¡No puedo despegar mis alas de esta tela! ¡Limonera, sácame de aquí! ¡Estoy atrapada! ¡No me puedo mover!

LIMONERA. Vanesa, estás atrapada en una tela de araña. Si yo me acerco, la araña nos comerá a las dos.

VANESA. ¿Qué dices Limonera? ¿Cómo puedes dejarme morir así? ¿Cómo puede una araña comerse a una mariposa con unas alas tan bonitas y tan vistosas como las mías?

LIMONERA. Vanesa, la naturaleza es cruel y no entiende de belleza.

VANESA. Entonces, tú no eres mi amiga porque no me quieres ayudar. Eres una mentirosa. Me hablabas de solidaridad y buenas acciones y ahora te olvidas de mí. ¡Embustera! ¿Me puedes decir dónde está tu amistad?

LIMONERA. Vanesa, es mejor la posibilidad de rescatarte como sea, que no la certeza de una muerte segura para las dos.

VANESA. ¡Tú no eres mi amiga! ¡No me hables más! ¡Déjame morir sola! ¡Aléjate de mí, no quiero verte más! ¡Vete!

En ese momento una araña muy fea salió de debajo de una hoja del arbusto desde donde pendía la tela. Después de haber escuchado la conversación sin que las mariposas lo supieran, la araña pensó: "Esperaré a que la mariposa solidaria venga a rescatar a su amiga y así me comeré a las dos".

Limonera sabía que ayudar a su amiga Vanesa significaba que morirían las dos. La única solución era buscar a alguien más fuerte que la araña para sacar a su amiga de allí. Entonces, empezó a volar con todas sus fuerzas por todas partes para buscar ayuda. Ella sabía que la situación era muy difícil.

Vanesa, sin embargo, creía que Limonera se había olvidado de ella, pero Limonera no quiso desvelar su plan porque entonces la araña se enteraría y no se podría hacer nada. Pero como Vanesa no tenía tiempo, tuvo que actuar rápido. Si Limonera no le ayudaba, ella no tenía otra opción que intentar convencer a la araña de que no la matara. Para eso, tenía que medir muy bien sus palabras para no ofenderla, pues un pequeño error le haría perder su vida en un segundo. Pensó que el único truco era entretener a la araña y esperar a que ocurriera algo inesperado.

VANESA. Araña, eres muy bonita con tu abdomen abultado. Me quieres explicar cómo has construido esta tela tan preciosa. Yo me llamo Vanesa y tú, ¿cómo te llamas?

ARÁCNIDA es mi nombre y tengo cuatro pares de patas para comerte mejor.

VANESA. Pero, ¿cómo puedes comerte a una mariposa como yo que tiene unos colores tan bonitos? Yo soy un insecto lepidóptero. ¿Cómo vamos a matarnos unos insectos a otros?

ARÁCNIDA. Primero, aunque estemos emparentados, yo no soy un insecto, yo soy un artrópodo. Y segundo, yo no vivo con la belleza, yo vivo con la comida.

VANESA. Pero no podemos vivir solo para comer sin pensar en la belleza de la naturaleza y en todo lo que es bello.

ARÁCNIDA. Te digo que lo bello no me da de comer. Tú eres una idealista y yo soy realista.

VANESA. ¿Quieres decir que ser realista significa matar?

ARÁCNIDA. No, significa que para vivir hay que comer. Y no me molestes más con tus preguntas.

VANESA. Entonces, tú quieres decir que hemos nacido para comernos los unos a los otros. Si eso es así, este mundo es muy cruel.

ARÁCNIDA. ¡He dicho que no me molestes más! Este mundo es cruel y la naturaleza es cruel, pero yo ni he hecho este mundo ni la naturaleza.

VANESA. Entonces, este mundo está lleno de trampas.

ARÁCNIDA. ¿Ahora te enteras tú? Todo es una cuestión de poder. Los que tienen el poder controlan todo y hacen lo que quieren. Ahora, yo tengo el poder y tengo hambre, entonces, tú no tienes escapatoria.

VANESA. Tienes mucha razón, pero ¿has pensado tú alguna vez en la bondad, en la generosidad, en las buenas acciones, en la solidaridad, o en la amistad? ¿Has pensado tú que podríamos ser muy buenas amigas las dos?

ARÁCNIDA. Te he dicho que tú eres una idealista. Yo solo sé que tengo ganas de desayunar y no puedo esperar mucho tiempo a que venga tu amiga a rescatarte. Voy a empezar a contar y cuando llegue a diez te mataré. No te preocupes porque no te voy a despedazar. Te inyectaré un veneno y quedarás paralizada.

VANESA. ¿Pero no vas a tener compasión de mí?

ARÁCNIDA. Uno.

VANESA. Por favor, piensa en la posibilidad de nuestra amistad. Tú estás sola. Yo podría acompañarte a todas partes y así tu vida estaría llena de aventuras.

ARÁCNIDA. Dos.

VANESA. Por favor, si dices que no tengo escapatoria, entonces, cuenta despacio para poder vivir unos segundos más.

ARÁCNIDA. Tres.

VANESA. Piensa en la bondad y en la solidaridad. ¿Es que en este mundo ya no hay solidaridad?

ARÁCNIDA. Cuatro.

VANESA. Yo tengo unas alas muy bonitas. Te hablo de la belleza. ¿Quieres destruir la belleza?

ARÁCNIDA. Cinco.

VANESA. Si el objetivo de este mundo consiste en ser poderoso, en controlar, en comer sin pensar en la belleza, entonces, nuestro mundo es muy cruel y no vale la pena seguir aquí. ¿Para qué vivir?

ARÁCNIDA. Seis

VANESA. Pero yo quiero morir de una manera digna. Hay que hacer honor a la vida muriendo con dignidad. No quiero morir aplastada por las patas de una araña.

ARÁCNIDA. Siete.

VANESA. Pero Arácnida, si tu mundo no tiene nada que ver con la belleza y tú sólo piensas en comer, entonces, por qué no esperas un poco más. Mi amiga Limonera ha ido a buscar a otra amiga que tenemos, que se llama Aurora, para rescatarme a mí. Otras amigas nuestras también van a venir, unas ocho, así tú podrás tener un buen desayuno con todas las mariposas. ¿Qué tal te parece la idea?

ARÁCNIDA. ¿Dices que vendrán más mariposas?

VANESA. ¡Sí! ¡Te confieso que es verdad!

ARÁCNIDA. Yo no me fío de ti. Tengo que comer ya. ¿Por qué me has interrumpido? Ahora no me acuerdo por qué número iba contando.

VANESA. Ibas por el número cinco.

ARÁCNIDA. No. No. Iba por el seis.

VANESA. Eso, eso. Tienes razón, pero por favor te pido que cuentes muy despacio.

ARÁCNIDA. Siete.

La araña empezó a descender lentamente por la tela.

VANESA. Espera un poco Arácnida. No tengas prisa. Dame una oportunidad. ¡Por favor!

ARÁCNIDA. Ocho.

VANESA. Tienes cuatro pares de ojos preciosos. Tú con tus ojos y yo con mis alas tan bonitas podríamos ser la envidia de todo el bosque.

ARÁCNIDA. Nueve.

VANESA. ¡Oigo un ruido! ¡Seguro que son mis amigas!

ARÁCNIDA. ¿Qué? ¿Has dicho un ruido? Yo no oigo ningún ruido.

VANESA. ¡Sí, míralas! ¡Vienen por lo menos ocho mariposas!

ARÁCNIDA. ¿Dónde están? ¡No las veo! ¡Mi vista es tan pobre!

De repente, se produjo un aleteo ensordecedor alrededor de la tela de araña.

LIMONERA. ¡Fíjate allí! ¿Ves a mi amiga al final de la tela de araña? ¡Esa es mi amiga Vanesa! La araña está muy cerca de ella. ¿La ves?

PÁJARO. Sí, veo a tu amiga y a la araña.

VANESA. ¡Limonera! ¡Limonera! ¡Estoy aquí! ¿Me ves?

La araña se lanzó sobre Vanesa, pero en ese mismo instante el pájaro, que iba bajando en picado, la cogió con sus garras afiladas y se la llevó volando, dándole sacudidas en el aire hasta que la soltó y la araña empezó a tambalearse desde una gran altura. Después, el pájaro volvió a la tela, la hizo trizas y dejó a Vanesa en libertad.

LIMONERA. ¿Quién eres tú, que sin conocernos has venido a socorrernos?

PÁJARO. Bueno, yo soy el pájaro Ulises y represento al aire en el nuevo parlamento de los animales que hemos constituido para defender nuestros derechos y luchar por la igualdad entre machos y hembras. Así que para mí ha sido un gran placer poder rescatar a Vanesa y salvarla de una muerte segura. Tenemos que ayudarnos los unos a los otros. Yo soy un pájaro muy feo, como podéis ver, pero siempre estoy dispuesto a ayudar.

VANESA. No pienses en tu fealdad Ulises porque la belleza va por dentro. Esa belleza nunca se pierde con el tiempo. Yo he visto con mis propios ojos a la muerte y puedo decir que lo más bello del mundo se puede perder en un instante. Si no hubiera sido por vuestra generosidad y solidaridad, ahora mi belleza ya habría desaparecido para siempre, sí, para siempre. Muchas gracias. Nunca os voy a olvidar y quiero que sepáis que aquí tenéis una amiga de verdad.

LIMONERA. Tenía que ayudar a una amiga como tú, Vanesa.

Las dos mariposas y el pájaro se fueron volando. Se sentían felices y alegres de poder gozar de la naturaleza, disfrutando de los colores de las flores en aquella mañana de primavera de sol radiante.

ACTIVIDADES

COMPRENSIÓN LECTORA:

1. ¿Cómo es Vanesa?
2. ¿Es celosa Limonera?
3. ¿Cómo interpretan la belleza las dos mariposas?
4. ¿Cómo es la naturaleza, según Limonera?
5. ¿Por qué no ayuda Limonera a Vanesa al principio?
6. ¿Qué riesgo tenía la decisión?
7. ¿Cuál fue el truco de Vanesa para engañar a la araña?
8. ¿Cuál es la diferencia entre idealista y realista en esta fábula?
9. ¿Qué diferencia existe entre los arácnidos y los insectos?
10. ¿Qué importancia tiene que Vanesa hable de otras amigas para su rescate?
11. ¿Qué implica que la araña tenga una vista pobre?
12. ¿Cuándo se produce la tensión más dramática en la fábula?
13. ¿Qué le hace a Vanesa cambiar su forma de pensar sobre la belleza?
14. ¿Por qué lucha el pájaro Ulises?

Lengua:

Escribe los sinónimos de las siguientes palabras: aumentar, belleza, prudente, cruel, trampa, paralizar, solidaridad, bajar, garra.

Escribe los antónimos de las siguientes palabras: amistad, belleza, prudente, cruel, atrapar, bondad, generosidad, olvidar, radiante.

Vocabulario:

aguafiestas: persona que estropea una diversión.

escapatoria: forma de escapar de una situación difícil.

despedazar: romper algo en trozos de manera violenta.

emparentado: tener lazos de parentesco o afinidad.

bajar en picado: descender a gran velocidad contra el suelo.

garras: mano o pie de un animal con uñas fuertes, curvas o cortantes.

trizas: romper en pedazos menudos.

socorrer: prestar auxilio en un peligro.

rescatar: liberar de un daño, un peligro o una situación difícil.

El parlamento de los animales: es un libro en donde un grupo de animales se reúne en una cueva por primera vez para constituir un parlamento con objeto de aprobar leyes para defender sus derechos porque creen que el planeta les pertenece a ellos tanto como a los seres humanos.

1. ¿Qué significa sentir mariposas en el estómago?
2. ¿Qué significa un peine que araña?

El reino de los animales

Clasificación de los animales según su aparato locomotor:

Los animales se clasifican en vertebrados, los que tienen un esqueleto óseo con columna vertebral y cráneo, y los invertebrados, que no tienen esqueleto óseo interno.

Los vertebrados se clasifican en los siguientes grupos: 1) mamíferos, 2) aves, 3) reptiles, 4) anfibios, y 5) peces.

1.1. Clases de mamíferos: perro, lobo, león, chimpancé, elefante, el ser humano, etc.

1.2. Clases de aves: búho, loro, cuervo, gavilán, perdiz, gorrión, etc.

1.3. Clases de reptiles: serpiente, lagarto, tortuga, cocodrilo, etc.

1.4. Clases de anfibios: sapo, rana, tritón, salamandra, etc.

1.5. Clases de peces: tiburón, delfín, mero, salmonete, etc.

Los invertebrados se clasifican en los siguientes grupos: 1) artrópodos, 2) moluscos, 3) equinodermos, 4) gusanos y 5) cnidarios.

Un subtipo de artrópodos se divide en 1.1) arácnidos, 1.2) insectos y 1.3) crustáceos.

1.1.1. Clases de arácnidos: araña, escorpión, garrapata, etc.

1.1.2. Clases de insectos: mariposa, hormiga, mosca, pulga, etc.

1.1.3. Clases de crustáceos: langostino, cangrejo de mar, camarón, etc.

2. Clases de moluscos: almeja, caracol, pulpo, ostra, calamar, etc.
3. Clases de equinodermos: erizo de mar, estrella de mar, holoturia, etc.
4. Clases de gusanos: tenia, lombriz, triquina, sanguijuela, etc.
5. Clases de cnidarios: medusa, hidra, tomate de mar, esponja, anémona común, etc.

Clasificación de los animales según su forma de nacer:

Los ovíparos nacen de un huevo que se abre fuera de la madre: aves, peces, insectos, rana, sapo, hormiga, abeja, etc.

Los vivíparos se desarrollan dentro de la madre y nacen en un parto: mamíferos, perro, oso, cabra, vaca, cebra, burro, serpiente, etc.

Clasificación de los animales según su alimentación:

Los herbívoros se alimentan de los vegetales, especialmente de hierbas. Algunos son rumiantes: cabra, caballo, elefante, saltamontes, vaca, camello, mariposa, jirafa, rinoceronte, etc.

Los carnívoros se alimentan de carne: tigre, lobo, lince, león, buitre, guepardo, cóndor, cobra, etc.

Los omnívoros tienen un aparato digestivo adaptado para digerir alimentos de origen animal y vegetal: avestruz, hiena, oso pardo, jabalí, tejón, zorro, el ser humano, etc.

Conocimiento del medio: las mariposas

Los lepidópteros son un orden de insectos holometábolos, conocidos como mariposas, que se desarrollan por una metamorfosis completa. La metamorfosis es el conjunto de transformaciones o cambios que se producen a lo largo de un desarrollo biológico. Cada una de esas fases se llama también estadios. Por ejemplo, la larva es uno de los estadios de la metamorfosis de un insecto. La mariposa es un lepidóptero que tiene cuatro alas cubiertas de escamas, una boca en forma de tubo en espiral que le permite chupar el néctar de las flores que poliniza, un par de antenas y un par de ojos compuestos.

La metamorfosis completa pasa por las siguientes fases: huevo, larva, pupa y adulto. Del huevo salen las larvas, que son semejantes a los gusanos, llamados orugas. La oruga se transforma en pupa, que puede estar envuelta en un capullo de seda, que dará lugar al adulto. Es decir, la mariposa se transforma en crisálida dentro del capullo que la protege. Las mariposas más conocidas son las diurnas, pero la mayoría de las especies son las nocturnas, como las polillas y los pavones. La polilla es una mariposa grisácea nocturna de pequeño tamaño, cuya larva es dañina. El pavón es una mariposa de gran tamaño, cuyas alas tienen manchas circulares. Las orugas, como se alimentan de vegetales, a veces producen plagas dañinas para la agricultura. Pero muchas especies realizan un papel importante como polinizadoras de plantas y cultivos.

En internet nos podemos informar más sobre las cerca de 127 familias que componen el orden lepidóptero. También podemos ver la anatomía externa de las mariposas y dibujar su cuerpo, indicando las distintas partes.

Conocimiento del medio: las arañas

Las arañas son el orden más numeroso de artrópodos, emparentados con otro grupo de artrópodos, como los insectos. Tienen glándulas venenosas que utilizan para inyectar veneno a las presas con sus mandíbulas que son piezas bucales en forma de colmillos o pinzas. Para cazar, esperan la emboscada. Todas las arañas son depredadoras solitarias. Hasta la fecha se han reconocido 110 familias. La aracnología estudia las arañas y los demás arácnidos. Las personas que tienen miedo a las arañas sufren de aracnofobia.

Estos animales predadores paralizan a sus presas con su veneno. Muchas arañas mastican a la presa. Tienen cuatro pares de patas, carecen de antenas y usan los órganos táctiles y olfativos. A pesar de tener cuatro pares de ojos simples, denominados ocelos, la vista de las arañas es muy pobre. Todas las especies producen seda, que la utilizan para cazar envolviendo a sus presas. También producen un adhesivo con muchas utilidades. Algunas arañas crean un hilo que les sirve para arrastrase por el viento. A este fenómeno se le llama vuelo arácnido.

La seda que teje la araña es más resistente que el acero del mismo tamaño. Cuando caza permanece con las patas extendidas sobre la tela y se acerca a su presa. También cazan detectando a sus presas por las vibraciones en el suelo o en la vegetación. Cuando las presas quedan paralizadas les inyectan jugos gástricos. Por esta razón las arañas permanecen inmóviles durante largo rato sujetando a su presa. Como depredadoras, las arañas juegan un papel importante porque son las mayores consumidoras de insectos del planeta. Y saben mucho de veneno porque si reciben una picadura en una de sus extremidades en una pelea, se la amputan para evitar que el veneno llegue al resto de su cuerpo.

¿Lo sabías?

El escritor ruso-estadounidense del siglo XX, Vladímir Nabokov, además de escribir novelas fue un lepidopterólogo que se dedicó a coleccionar mariposas desde que tenía siete años.

Cuando vivimos en una zona con mucha presencia de mariposas, eso demuestra que nuestro ecosistema tiene una buena biodiversidad. Para la pervivencia de nuestra especie se necesita un ecosistema sano.

El cambio climático y la contaminación que estamos causando está afectando a todas las especies del planeta.

Más del 90% de las especies conocidas de los animales de todo el mundo son artrópodos.

La capulina es una araña de cuerpo pequeño y negro que tiene un veneno muy peligroso que puede ocasionar la muerte.

INVESTIGA:

1. Lepidóptera (Mariposa), Wikipedia.
2. Anatomía externa de las mariposas.
3. Araneae (Araña), Wikipedia.
4. Anatomía y caza de las arañas.

TRABAJO FINAL:

1. El papel importante que juegan las mariposas en el planeta.
2. El papel importante que juegan las arañas en el planeta.

El concierto de los animales

Una mañana temprano del mes de agosto cuando el sol apareció por la montaña los animales salieron de sus madrigueras y escondites, después de un gran chaparrón. El agua corría por la rambla del barranco y todos querían acercarse a beber. Hacía un día tan agradable que todos tenían ganas de disfrutar de la naturaleza. Los animales del parlamento, que ya se había constituido, también se sentían muy contentos. La perrita Lara decidió ir a visitar a su amiga Alicia al cortijo Los Olivos. Alicia era una niña encantadora. Tenía un don mágico para hablar con los animales y le gustaba mucho ir a la escuela y estudiar. Leía tanto que a veces por las noches su madre tenía que venir a su habitación a decirle que ya era hora de apagar la luz y acostarse.

Lara tenía que pasar por la vereda que había en una de las pendientes del barranco para ir al cortijo. Cuando llegó a los balates de unas higueras que había junto a la rambla, se sentó para ver si los animales empezaban a bajar y así ella podría oír sus voces y disfrutar de un concierto al aire libre. Al poco rato se sorprendió cuando se dio cuenta de que su amiga bajaba por la vereda con una cartera en la mano, “seguro que llena de libros porque siempre está estudiando” -pensó Lara.

LARA. ¡Alicia! ¡Qué alegría me da de verte! ¿Dónde vas esta mañana tan temprano?

ALICIA. Como hace una mañana tan agradable, pues había pensado ir a veros al parlamento.

LARA. ¿De verdad? ¡Y yo iba al cortijo a verte a ti!

ALICIA. Qué bien que las dos hayamos pensado lo mismo y nos hayamos encontrado en la mitad del camino.

LARA. ¡Nos hemos comunicado por telepatía! Siéntate aquí conmigo y vamos a esperar a que bajen los animales y así escucharemos un concierto gratis con sus voces.

ALICIA. ¡Esa es una idea estupenda en este lugar rodeado de flores!

Lara y Alicia se sentaron y hablaron un rato hasta que los animales empezaron a bajar muy contentos porque venían a la rambla. Alicia le contó que en su casa estaban muy preocupados porque con frecuencia desaparecía algún cordero. Su padre, Severiano, le dijo a la familia que por allí había algún lobo. Por esa razón, esa mañana se había ido a cazar muy temprano. Alicia también le contó a Lara que había estado repasando todo lo que había aprendido en la clase de música y que a ella le gustaba mucho tocar el piano. En la escuela le hablaron de la poesía en el curso escolar que había terminado. Alicia le explicó que la poesía se compone de estrofas y de versos y que los versos tienen sílabas y se pueden rimar; por ejemplo, si separamos las sílabas de la palabra ‘palacio’ obtenemos ‘pa-la-cio’, que se puede rimar con la palabra ‘despacio’, ‘des-pa-cio’.

LARA. ¡Qué alegría me da ver lo que sabes! Pero, me da mucha pena oír lo que me cuentas sobre tus corderos.

ALICIA. A mí también me da mucha pena. Bueno, mi padre encontrará por qué desaparecen los corderos. Y de la escuela, pues qué quieres que te diga, quiero aprender más. Por eso no quiero faltar a las clases. ¡Mira Lara, ya bajan los animales a la rambla a beber! Vamos a escondernos detrás de las palmas y así nos acercamos más para verlos mejor. Si quieres podemos escribir un poema con las voces de los animales, con las onomatopeyas. Te explico. La onomatopeya es una palabra que imita el sonido de algo. Si yo digo: ¡Tilín, tilín!, es la onomatopeya del sonido de una campanilla. El de una campana sería: ¡Talán, talán! Y el del cencerro de una oveja: ¡Tolón, tolón! La onomatopeya del sonido que hace una vaca es: ¡Muu, muu! Y la voz del animal es un mugido. El verbo sería mugir. Empezamos cuando oigamos a los animales y tú también vas a participar en la composición poética, ladrando para llevar el ritmo del poema cuando sea necesario. Si a mí me da risa, también formaré parte del poema. ¿Te gusta la idea? Le preguntó con una risa abierta: ¡Ja, ja, ja!

LARA. ¡Ay lo que sabes! ¡Me encanta lo que vamos a hacer! ¡Yo también quiero aprender!

ALICIA. Pues vamos a escribir –dijo con una risa contenida: ¡Ji, ji, ji!

LARA. ¡Guau, guau, guau! ¿Te gusta cómo ladro?

ALICIA. Sí, sí, me encanta.

El burro del tío Antón bajó la pendiente hasta llegar a la rambla y cuando terminó de beber agua miró a la montaña y empezó a rebuznar: ¡Hiaa, hiaa, hiaa! El caballo del tío Ramón también bajó a la rambla y no paraba de relinchar: ¡Hiii, hiii, hiii! La vaca de la tía María no paraba de mugir: ¡Muu, muu, muu! Las gallinas de la tía Carmen también estaban allí tan contentas que habían perdido el miedo a los grajos y no paraban de cacarear: ¡Co, co, co! Quizá no tenían miedo porque iba con ellas un gallo grande que cantaba muy orgulloso por encontrarse rodeado de tantas gallinas: ¡Quiquiriquí, ¡quiquiriquí! Los patos, al ver el agua se olvidaron de los muchos peligros a los que estaban expuestos y no paraban de graznar: ¡Cuaa, cuaa, cuaa! Las ovejas bajaron de la montaña y llegaron a la rambla balando: ¡Beee, beee, beee! La gata de Alicia apareció por la vereda buscándola y no paraba de maullar: ¡Miau, miau, miau! Las cigarras chirriaban: ¡Cri, cri, cri! Los gorriones saltaban y gorjeaban: ¡Pío, pío, pío! Los pavos parecían irritados con su gluteo: ¡Glu, glu, glu! Los cerdos se acercaban al agua lentos con su constante gruñido: ¡Oenc, oenc, oenc! Los gansos no paraban de graznar: 'On, on, on! Las ranas, tranquilas, no paraban de croar: ¡Croac, croac, croac!

En la parte alta del barranco había una madriguera bien escondida con unas palmas en la puerta. Allí estaba el lobo durmiendo. Se encontraba muy cansado porque llevaba unas noches que no había cazado nada y tenía mucha hambre. Aquella mañana había encima de las piedras de la cueva unas perdices que lo despertaron con su ajeo: ¡Aj, aj, aj! El lobo salió a la puerta de la madriguera muy furioso y las perdices se fueron volando. Miró a una morera de tronco grueso, un moral que había cerca de la rambla, y oyó el graznido de una manada de grajos que estaban en la copa de las ramas y las hojas. Entonces, decidió bajar con sigilo. Pero se paró y pensó que la idea no era muy buena porque también había visto un cazador por el barranco. Sin embargo, el hambre pudo más que su sabiduría y poco a poco se fue acercando a la morera. El lobo odiaba el chirrido de las cigarras y el graznido de los grajos. Cuando graznaban se ponía loco. Sin embargo, se acercó al tronco de la morera, miró hacia arriba y se dirigió a ellos.

LOBO. ¡Buenos días amigos grajos! No tengáis miedo de mí. Yo solo quiero que me enseñéis a graznar porque vuestro graznido me encanta. Os podría escuchar horas y horas sin cansarme de vuestra dulce melodía. Mi aullido no me gusta. Es demasiado desagradable. Admiro vuestro color. El negro es un color que a mí me gusta mucho porque hace a uno invisible para poderse camuflar. A estas horas del día, como lobo ibérico que soy, con mi color estival marrón puedo ponerme al lado de una piedra y un cazador no podría verme.

LOS GRAJOS. Pero si fueras negro te vería.

LOBO. Por eso me gusta la noche. Yo no puedo volar como vosotros, por eso os envidio tanto. ¡Pero puedo bailar! ¿Queréis bailar conmigo? Necesito pareja para divertirme un poco.

El lobo empezó a bailar y con el hambre que tenía solo pensaba en la carne de los grajos. Se olvidó totalmente del cazador que había visto. Daba muchos saltos y de vez en cuando aullaba: ¡Auu, auu, auu! Nunca se había comido un grajo y por probar su carne estaba dispuesto a hacer lo que fuera.

Detrás de las palmas Lara y Alicia terminaron de escribir el poema.

ALICIA. ¿Quieres que te lea el poema, Lara?
LARA. ¡Sí, sí, por favor!

¡Beee, beee! ¡Glu, glu! ¡Cri, cri!
¡Co, co! ¡Quiquiriquí!

¡Ja, ja! ¡Muu, muu! ¡Hiaa, hiaa!
¡Hiii, hiii! ¡Cua, cua! ¡Cua, cua!

¡Co, co! ¡Oenc, oenc! ¡Miau, miau!
¡Ah, aj! ¡On, on! ¡Guau, guau!

¡Pio, pio! ¡Beee, beee! ¡Auu, auu!
¡Croac, croac! ¡Cuaa, cuaa! ¡Glu, glu!

¡Oenc, oenc! ¡Aj, aj! ¡Muu, muu!
¡On, on! ¡Hiaa! ¡Hiaa! ¡Auu, auu!

¡Pio, pio! ¡Miau, miau! ¡Hiii, hiii!
¡Croac, croac! ¡Quiquiriquí!

¡Ja, ja, ja! ¡Guau, guau, guau!
¡Ja, ja, ja! ¡Guau, guau, guau!

LARA. ¡Qué bien! ¡Aprendo tantas cosas cuando estoy contigo!

ALICIA. Yo también lo paso muy bien cuando estamos juntas.

LARA. Tenemos que vernos más a menudo.

De pronto se oyó el disparo de una escopeta que retumbó en todo el barranco: ¡Pum! Alicia vio que su padre iba corriendo hacia el moral y los grajos salieron volando despavoridos, como el resto de los animales. Alicia y Lara también se fueron corriendo hacia el moral. Cuando llegaron vieron al lobo con las patas estiradas, la boca abierta y con la lengua sacada hacia un lado.

SEVERIANO. Este maldito lobo no volverá a comerse nuestros corderos. Me lo voy a llevar a casa porque con la piel me quiero hacer un gorro para el invierno.

Lara le miraba los colmillos y el hocico rojo y le daba miedo. Se creía que en cualquier momento el lobo se los clavaría en el cuello. Severiano se echó el lobo a las espaldas y todos se fueron para el cortijo. El lobo, al oír el disparo cuando estaba bailando y revolcándose por el suelo debajo de la morera, se manchó la cabeza y el hocico de rojo con las moras maduras que se habían caído de las hojas grandes y ásperas de la morera, para engañar al cortijero. Parecía que estaba herido de muerte. Al principio pensó salir corriendo, pero decidió hacerse el muerto porque un segundo disparo sí que podría alcanzarlo y matarlo. Así que se hizo el muerto y esperó a ver lo que podía hacer. Sabía que de las dos posibilidades que tenía, el riesgo de muerte era altísimo. Dejó un ojo medio abierto para ver en todo momento lo que estaba pasando. Claro, él estaba maldiciendo la hora en que salió de su madriguera. No comprendía cómo se había metido en aquel lío, sabiendo que siempre había cazadores por la zona. Cuando oyó al cortijero decir que con su piel quería hacerse un gorro para el invierno, empezó a maldecir su torpeza, primero por haber salido de su cueva y segundo por el capricho de querer comerse un grajo, cuando había otros animales más fáciles de matar. Hasta ahora, lo único bueno de su error era que con sus bailes y estúpidos revolcones se había llenado el cuello y la cabeza con el color rojo del jugo de las moras. Esto despistó al cortijero y le hizo creer que le había dado un tiro en la cabeza. Como el cortijero solo quería su piel, pues no se preocupó de lo demás. Cuando llegaron al cortijo, Severiano apoyó la escopeta en el umbral de la puerta. El lobo decidió seguir esperando porque salir corriendo le parecía muy arriesgado.

SEVERIANO. Alicia, trae una fuente grande y unos cuchillos. Quiero despedazar a este maldito lobo. ¡Y date prisa!

El lobo empezó a sentir los cuchillos cortarle las tripas y se acordó de los momentos cuando él había despedazado a otros animales. Esto le hizo reflexionar y ver que vivimos en un mundo salvaje en donde tenemos que matar para vivir.

Alicia salió con una fuente grande y unos cuantos cuchillos. El lobo se estaba volviendo loco. Si salía corriendo, el cortijero cogería la escopeta que la tenía a mano y se liaría a tiros con él. Y si no tomaba una decisión rápida, en unos segundos lo desollaría y con solo pensarlo no podía soportar el dolor. Decidió que pegaría un salto y saldría con todas sus fuerzas corriendo en zigzag para intentar que las balas no lo alcanzaran. Y si tenía mala suerte, era mejor morir de un tiro que morir desollado. Pero con mucha sangre fría, volvió a pensarlo y decidió finalmente esperar unos segundos más. Después de todo, mientras el cortijero estuviera a dos metros, él siempre podría dar un salto.

ALICIA. Aquí está la fuente grande, pero no sé si son estos los cuchillos.

SEVERIANO. ¡No! ¿Cómo van a ser esos? Yo quiero los largos, los que cortan más. ¡Este maldito lobo se merece unos cuchillos bien afilados!

ALICIA. Pues yo no sé dónde están esos cuchillos.

SEVERIANO. Pregúntale a tu madre.

ALICIA. No está en casa. Ha bajado al pueblo.

SEVERIANO. ¡Verás qué pronto encuentro yo los malditos cuchillos!

Severiano se metió dentro del cortijo a buscar los cuchillos afilados y el lobo, que había estado presenciando la escena con el ojo medio abierto, midiendo la distancia con el cortijero, dio un salto grande y salió corriendo como una exhalación con un aullido aterrador y se perdió por los bancales. Lara empezó a ladrar y Alicia gritaba con todas sus fuerzas. Severiano salió del cortijo desconcertado sin saber lo que estaba pasando y al ver que allí no estaba el lobo, empuñó la escopeta y empezó a disparar apuntando a todas partes de forma amenazadora. El lobo subió a su madriguera, que tan segura había sido hasta el día en que cometió la gran torpeza de no percibir la presencia del cortijero, cuando el olfato es el sentido más desarrollado del lobo y es cien veces más sensible que el del hombre. Y aunque fue muy difícil para él, tomó la decisión de no volver a matar a otros animales. Esto le obligaría a hacerse vegetariano y a comer carroña como los buitres, cuando sintiera el olor a carne. Si el caballo puede vivir sin comer carne y ser tan fuerte y tan elegante, él podría hacer lo mismo -pensó. Pero al volver a la manada, también se dio cuenta que su férrea jerarquía para atrapar presas muy grandes durante la caza, resultaba muy difícil para cumplir su decisión.

ACTIVIDADES

Comprensión lectora:

1. ¿Qué pensó Lara cuando vio a Alicia bajar por la vereda?
2. ¿Qué es un poema para ti?
3. ¿Por qué Lara siente mucha pena?
4. ¿Qué es una onomatopeya?
5. ¿Por qué bajó el lobo a la morera?
6. ¿Por qué dice el lobo que le gusta el graznido de los grajos?
7. ¿Por qué baila el lobo?
8. ¿Qué mentiras cuenta el lobo a los grajos?
9. ¿Qué hizo el lobo cuando oyó el disparo?
10. ¿De qué se arrepintió el lobo?
11. ¿Qué maldice el lobo?
12. ¿Qué había de bueno en su error?
13. ¿Qué le hizo reflexionar al lobo sobre la vida?
14. ¿Por qué se estaba volviendo loco el lobo?
15. ¿Cómo mostró el lobo su sangre fría?
16. ¿Cuál fue la difícil decisión del lobo?

Lengua:

Escribe los sinónimos de las siguientes palabras: férreo, loco, querer, estupendo, acercar, admirar, crecer, error, tripas, estúpido.

Escribe los antónimos de las siguientes palabras: agradable, despertar, acercar, admirar, crecer, estúpido, querer, matar, loco.

Vocabulario:

madriguera: lugar resguardado donde se refugian los animales.

chaparrón: lluvia corta de poca duración.

rambla: cauce formado en el terreno por las aguas que corren por él cuando llueve.

barranco: terreno cortado por un hueco grande y profundo.

El parlamento de los animales: es un libro en donde un grupo de animales se reúne en una cueva por primera vez para constituir un parlamento con objeto de aprobar leyes para defender sus derechos porque creen que el planeta les pertenece a ellos tanto como a los seres humanos.

vereda: camino estrecho formado por las personas y el paso del ganado.

balate: muro de piedras para nivelar los bancales o divisiones.

telepatía: capacidad de las personas para comunicarse por medio de la mente sin usar el lenguaje.

palma: árbol sin ramas y con el tronco áspero, del que salen unas hojas largas, duras y lisas.

cencerro: campana pequeña que se ata al cuello de algunos animales para que suene cuando se mueven.

grajo: ave parecida al cuervo, de menor tamaño, y con las plumas de color negro azulado.

morera o moral: árbol de hojas ásperas, muy verdes, cuyo fruto es la mora, que cuando está madura es de color morado.

camuflar: dar una apariencia engañosa. Algunos animales se camuflan tan bien que parecen rocas.

estival: del estío o relacionado con la estación más calurosa.

despavorido: que tiene mucho miedo.

umbral: parte inferior o escalón de una puerta.

arriesgado: peligroso.

desollar: quitar la piel de algo.

en zigzag: línea que en su desarrollo forma ángulos alternativos entrantes y salientes, como los esquiadores y esquiadoras bajando una pendiente.

exhalación: muy rápido.

férreo, a: muy fuerte.

jerarquía: cada una de las categorías en los grupos o manadas.

1. ¿Qué significa "verle las orejas al lobo"?
2. ¿Qué significa "menos lobos, que tú no eres tan valiente"?

El reino de los animales

Relaciona los siguientes animales con las voces o sonidos que producen. Después, escribe la forma del verbo en infinitivo:

1) abeja	a) zumbido (zumbar)
2) águila, conejo, liebre, ratón	b) siseo, silbido (______)
3) ballena	c) aullido, grito (______)
4) cisne, cuervo, gaviota, grajo	d) rugido (______)
5) cocodrilo	e) barrito (______)
6) cordero	f) gorjeo, arrullo (______)
7) delfín	g) balido (______)
8) elefante, rinoceronte	h) chillido (______)
9) jabalí, oso, gorila	i) canto (______)
10) león, tigre	j) lloro (______)
11) pájaro carpintero	k) chasquido (______)
12) paloma, tórtola	l) graznido (______)
13) serpiente	m) gruñido (______)
14) zorro	n) tamborileo (______)

Relaciona los siguientes animales adultos con sus crías:

1) ballena	a) lebrato
2) besugo	b) jabato
3) cerdo	c) murgón
4) cabra	d) osezno
5) ciervo	e) cachorro
6) conejo	f) pollo, perdigón
7) gato	g) ternero

8) gallina, perdiz — h) pichón
9) jabalí — i) pancho
10) jaca — j) potro
11) liebre — k) aguilucho
12) lobo — l) gatito
13) oveja — m) ballenato
14) oso — n) choto
15) paloma — ñ) cordero
16) perro, león — o) lechón
17) salmón — p) lobezno/lobato
18) vaca — q) cervato
19) águila — r) gazapo

Relaciona el nombre colectivo de los animales con los nombres individuales:

1) arrecife — a) pirañas
2) banco — b) yeguas
3) bandada — c) abejas
4) collera — d) perros
5) cardumen — e) ganado
6) enjambre — f) cerdos
7) hormiguero — g) coral
8) jauría — h) orcas
9) majada — i) sardinas
10) piara — j) flamencos
11) pod — k) hormigas
12) manada — l) lobos

Conocimiento del medio: el lobo

El lobo es una subespecie, es decir, nos referimos a cada uno de los grupos en que se divide una especie. Es un mamífero carnívoro que pertenece a la familia de los cánidos, igual que los perros, coyotes, zorros, etc. Como depredador carnívoro se alimenta de las presas que caza, siendo esta la mayor parte de su dieta. A veces, compite con aves carroñeras por los restos de animales muertos. Y también en algunas ocasiones consume frutos silvestres.

Los lobos viven en manadas jerárquicas que van de cinco a diez o doce miembros. Estas manadas protegen a los cachorros. Si una hembra tiene cachorros, los amamanta durante un mes y medio. El macho alimenta a la hembra con la que se ha apareado durante este tiempo. Cuando los cachorros se vuelven independientes, todos los miembros de la manada los alimentan. Los cachorros que se encuentran en esta fase se denominan lobeznos. Y después, se les llama lobatos cuando se encuentran en una fase que dura desde los tres meses a los dos años. Cuando alcanzan esta madurez se denominan lobos.

El naturalista español Félix Rodríguez de la Fuente realizó una investigación sobre la dieta del lobo ibérico que nos puede servir para reflexionar antes de considerar que es un animal que hay que exterminar. Su dieta está compuesta en un 35% por grandes mamíferos como ciervos, corzos, jabalíes, etc. La dieta de ovejas es un 14%, ratones de campo un 9%, carroña un 7%, reptiles y aves un 5%, insectos y vegetales un 4%, y un 2% de carnívoros como zorros o perros. Los ganaderos de la zona sur del Duero y los de la Costa de la Muerte en Galicia han manifestado que los lobos llegan a alimentarse de caballos. Rodríguez de la Fuente realizó antes de su muerte una serie de televisión muy conocida, *El hombre y la Tierra.*

El lobo ibérico estuvo presente en toda la península ibérica durante los siglos XIX y XX, llegando a amplias zonas de Andalucía y Castilla-La Mancha, pero estuvo a punto de extinguirse en los años 1970. Esto se debió a la práctica de erradicar esta subespecie en todo el país, con la excepción de la zona noroeste y algunas áreas de Sierra Morena. El lobo se salvó gracias al trabajo de varios naturalistas como Félix Rodríguez de la Fuente. A partir de la Ley de Caza de 1970, el lobo dejó de ser una "alimaña" que había que exterminar. Desde los años 1990 se encuentra en expansión y en el año 2021 se declaró especie protegida, incluida en el Listado de Especies Silvestres en Régimen de Protección Especial.

El crecimiento de las poblaciones del lobo ha originado un aumento de conflictos con los ganaderos. Esto ha generado un debate sobre esta subespecie protegida. La Comisión Europea ha reabierto este debate sobre la caza del lobo al afirmar que el crecimiento de la población de estos cánidos "se ha convertido en un peligro real para el ganado". En algunas comunidades de España se ha declarado la guerra al lobo por los ataques al ganado, con soluciones como "abatir a un 60% de los lobos de la zona para controlar las poblaciones". Pero antes de aplicar estas medidas habría que buscar otras como la utilización del perro de raza mastín, por su gran tamaño, o vallas electrificadas de protección.

Cualquier solución debe pensarse bien porque se trata de una especie protegida. No olvidemos que su recuperación contribuye a la protección de la naturaleza y su extinción a la pérdida de la biodiversidad, diversidad o variedad de especies vegetales y animales. Sin su protección, esto conduciría a la reducción de los servicios de los ecosistemas, que están formados por una comunidad de seres vivos y el medio ambiente en donde se desarrollan. Esto pondría en peligro la seguridad alimentaria y nuestra salud pública.

¿Lo sabías?

El lobo se comunica con sus congéneres por medio de aullidos y con su olfato. También establece con heces y orina la demarcación de un territorio y se comunica con la posición de sus orejas y de su cola.

El lobo puede cazar de día y de noche gracias a su agudo olfato y a su visión nictálope. Esta palabra quiere decir que ve mejor de noche que de día.

Científicos rusos de la Universidad Federal del Nordeste realizaron la autopsia de un lobo que se cree vivió hace más de 44.000 años. Se trata del primer hallazgo de un cuerpo entero conservado de un depredador adulto de finales del Pleistoceno. Estudiaron los tejidos blandos del lobo prehistórico para investigar el ADN y compararlo con el genoma de los lobos modernos. Los paleontólogos determinaron que se trata de un macho.

El chimpancé es el primate más similar al ser humano por tener en común el 98,4 % del ADN (ácido desoxirribonucleico), por su carácter y su inteligencia.

El guepardo es el animal más veloz del mundo. Puede alcanzar los 100 km/h.

La jirafa tiene el cuello más largo de todo el reino animal y puede llegar a medir 3 m de altura.

Investiga:

1. Organización conservacionista WWF, Fondo Mundial para la Naturaleza, Wikipedia.
2. *Canis lupus signatus*, Wikipedia.
3. Asociación para la Conservación y el Estado del Lobo Ibérico (ASCEL).
4. Asociación Conservacionista La Mancha: El Lobo.
5. Amigos del Lobo de Sierra Morena.

Trabajo final:

1. Escribe una composición sobre Félix Rodríguez de la Fuente y la vida del lobo en España.
2. Escribe una composición sobre la caza del lobo y los conflictos ganaderos.

La caza de la perdiz

La vida de las perdices se hacía cada día más difícil. Su especie estaba disminuyendo y se necesitaba hacer algo. Incubar los huevos y criar a sus pollos era cada vez más complicado. Estaban amenazadas por todas partes y temían mucho al riesgo de extinción de la especie. Tenían que actuar lo antes posible. La amenaza les venía de otros animales como los zorros, las águilas, los halcones, las ratas y los temibles jabalíes que con su gran olfato eran los mayores depredadores de sus nidos. Pero de todos los depredadores que tenían, a los que las perdices consideraban el mayor enemigo era a los hombres cazadores. En grupos muy bien vestidos, con sus trajes de caza, sombreros y morrales, buscaban su hábitat y las perseguían sin piedad. Las engañaban con señuelos, utilizando a otras perdices que llevaban metidas en jaulas para atraerlas a ellas con trampas, aunque a veces los cazadores no lo tenían fácil debido a la inteligencia y a la capacidad de las perdices para correr, volar con vuelos cortos y esconderse entre los matorrales. Lo peor era que los cazadores llevaban unas escopetas con las que ellas no podían competir. Era un combate muy injusto.

Conscientes de todas las dificultades que tenía su especie, las perdices se reunieron en la parte alta de la montaña que ellas conocían muy bien, en un paraje natural con unas hermosas vistas al mar, para buscar una solución a sus problemas. Ese mismo día también estaban reunidos en esa montaña, en una cueva que era su lugar de encuentro, los representantes de *El parlamento de los animales.* En sus asambleas ya habían elegido por unanimidad a la perdiz Rufa como representante de las aves, además del pájaro Ulises que ya era miembro. Ella se puso en contacto con el pájaro Ulises para que tratara en sus reuniones los problemas que tenían las perdices.

Rufa sabía, porque Ulises se lo había contado, que en el parlamento estaban elaborando leyes para proteger a todos los animales. Precisamente, ese día el parlamento se había reunido para tratar solo un asunto del orden del día: la caza de la perdiz. Rufa había informado a Ulises de todo lo que le estaba pasando a las perdices. Le contó los problemas con los zorros, los jabalíes y otros depredadores. Pero le dijo muy claro que para las perdices la mayor preocupación era la de los hombres cazadores. Ella había sido elegida representante en el parlamento por su capacidad para proteger a las bandas familiares de perdices. Cuando se acercaba el peligro, Rufa era la primera que se daba cuenta. No importaba si el peligro venía por aire o por tierra, ella siempre estaba vigilando. Todas las perdices respetaban su autoridad, inteligencia y sabiduría por el trato amable que les daba. En sus conversaciones, Rufa hablaba de la necesidad de unirse y de ser solidarias porque así podrían luchar y ser más fuertes para solucionar sus problemas. “Si estamos todas unidas, nunca seremos vencidas” -les decía.

Rufa ya había informado a Ulises que unos días antes se reunió un grupo de hombres, algunos muy extraños, en el cortijo Los Romeros, que estaba cerca de la cueva. Ulises se quedó sorprendido al ver que Rufa era una buena espía. “Seguro que vas a ser la mejor parlamentaria” -le pronosticó. Le contó que desde una ventanilla que había en la parte alta de la entrada al cortijo, al ver a todos los cazadores reunidos alrededor de una mesa rectangular muy grande con mucha comida, botellas y una cabeza de toro disecado en la pared, se quedó estupefacta cuando escuchó su conversación. Todos los cazadores estaban deseando de empezar al día siguiente. Los cazadores extraños llevaban puestas unas vestiduras negras que llegaban hasta los tobillos y se abrochaban con botones desde el cuello hasta los pies. Uno de ellos vestía de negro y rojo. A Rufa no le gustó mucho porque le parecía una perdiz. Los que iban vestidos todo de negro le causaba risa y miedo porque le parecían grajos. Se preguntaba cómo iban a subir los montes con aquellas vestimentas entre matas, pinchos de esparragueras y piedras.

Pero lo que más rabia le dio a Rufa fue cuando uno de los que iban vestidos de negro comentó que el que iba vestido de negro y rojo “era un tirador de primera categoría”. Había otro hombre allí que los demás le llamaban “el teniente coronel”, al dirigirse a él. Le llenaba de orgullo que otros cazadores también dijeran de él que era un gran tirador, entrenado en muy buenos campos de tiro. Descorazonada, Rufa tuvo que escuchar a todos los allí reunidos decir que después de la comida del mediodía necesitaban descansar con una buena siesta porque antes de la cena tenían que preparar los utensilios de la caza para la mañana siguiente, que sería el primer día de caza. Según ellos, no estaban en forma para subir y bajar cerros. Pero lo que más horrorizó a Rufa fue cuando después de la matanza de perdices del primer día, los cazadores y las personas vestidas de forma rara se reunieron por la tarde con la gente del pueblo, que estaba cerca del cortijo, en una casa que tenía una campana. Uno de los que vestían de negro leyó unas palabras que hicieron llorar a Rufa, que estaba posada con mucho cuidado en una de las ventanas de la casa. El hombre dijo:

Otro año hemos venido
a esta bella barriada
a gozar las cacerías
con toda su gente amada.

Hoy os tengo que contar
que nuestro obispo ha matado
más perdices que ninguno
y esto a nadie le ha gustado.

Para ver quién mata más
un campeonato ha empezado
y esta mañana temprano
el trabajo ha comenzado.

El teniente coronel
-que sabe darle al gatillo-
ha matado diez perdices
y se ha partido el tobillo.

Al regresar al cortijo
estábamos muy cansados
y después de comer bien
ya estamos recuperados.

Después de un día tan largo
tenemos que descansar
y mañana madrugar
para volver a cazar.

RUFA. ¡Para volver a cazar! ¡Para volver a matar! ¡Un campeonato para ver quién mata más! -repitió Rufa enfurecida.

ULISES. Sí, Rufa. Así es -contestó el pájaro después de que ella le contara lo que había visto y escuchado en el cortijo Los Romeros y en la casa de la campana.

Ese día que el parlamento se reunió para tratar la cuestión sobre la caza de la perdiz, Ulises dio un discurso memorable en defensa de los animales y fue muy aplaudido. La presidenta, la perrita Lara, tuvo unas palabras muy emotivas para las perdices y también fue muy aplaudida. Aunque la votación estaba ganada, el pájaro insistió en que era un acto de responsabilidad ganar esa votación por unanimidad para servir de ejemplo a los demás animales, y lo consiguió. Tan pronto terminó la sesión el pájaro se fue a comunicarle el resultado a Rufa, que lloró de emoción y alegría. Ella le dio las gracias con gran efusión por haber ayudado a las perdices.

Las perdices estaban muy contentas y pronto empezaron a celebrar el comienzo de sus apareamientos. En ese estado de euforia, Rufa se fijó en una perdiz macho que no tenía los dedos recios ni extendidos. Los espolones de sus patas tampoco eran bonitos. Además, tenía una pata quebrada y cojeaba. Todo esto quería decir que no podía correr bien. Entonces, estaba claro que era una presa fácil para cualquier depredador. Sin embargo, a Rufa le atraía lo limpio que se le veía, la mirada serena de sus ojos, su plumaje de las partes superiores, su nuca y su abdomen de colores grises con tonalidades pardas, el blanco de su garganta y el rojo de sus patas, ojos y pico curvado hacia abajo. Pero lo que más le gustaba de él era que podían hablar de temas importantes de sus vidas. Se llamaba Pérdix, un nombre que a Rufa le parecía muy bonito.

No tardaron mucho tiempo en formar una pareja y empezar a preparar el nido. Rufa buscó un matorral bien situado y se aseguró que tuviera una buena protección. En abril puso 15 huevos en el suelo y después de haber estado incubándolos 23 días, nacieron los pollos en mayo. Pérdix iba y venía al matorral. Las crías corrían alegres, siempre bajo la protección de su madre. Los padres estaban muy contentos de verlos y al mismo tiempo tenían miedo de perderlos. Rufa no paraba de hablarle a Pérdix sobre el peligro de la disminución de su especie. Pero esta vez, todos los pollos rompieron el cascaron y los jabalíes con su gran olfato no pudieron localizar los huevos. Todo había sido gracias a la buena elección del lugar del nido. Los dos hablaron del peligro de los depredadores y de lo que el hombre está haciendo con el medio ambiente. Rufa dijo con rotundidad en un lenguaje claro que con las fumigaciones y los pesticidas los hombres están eliminando a los insectos. “Nosotros comemos semillas, pero también insectos. Además, con la maquinaria de la agricultura moderna los hombres están eliminando nuestros hábitats" -puntualizó.

Pero lo que Rufa se temía, pronto sucedió. La vista aguda de un águila real había localizado a Pérdix con su pata quebrada. Como no podía correr, fue víctima de las garras desarrolladas del águila. El vuelo corto de Pérdix no pudo competir con el vuelo rápido del águila, ni tampoco con su pico fuerte y curvado en la punta. Rufa y los perdigones, con gesto triste y abatidos, pudieron presenciar cómo el águila con sus garras afiladas apresó el fuerte cuello de Pérdix y se lo llevó volando. A Rufa solo le quedaba proteger a sus pollos de día y de noche. Ahora, más que nunca, quería que crecieran rápido para que se pudieran defender mejor.

Un día Rufa no pudo evitar a un zorro astuto que estaba escondido en un matorral esperándola. Ella no distinguió bien su color pardo con la puesta del sol porque estaba muy cansada, después de cuidar todo el día a sus pollos. El zorro salió disparado del matorral dando un gran salto y Rufa vio sus horribles colmillos dispuestos a segar su fuerte cuello. Pero en ese preciso momento, un hombre vestido de verde, que también estaba escondido detrás de una palma, pegó un tiro con una pistola y le atravesó la cabeza al zorro. Con el ruido del tiro los pollos se asustaron de tal manera que salieron corriendo como una exhalación, todos juntos en la misma dirección, tal como su madre les había enseñado. Rufa sintió el mismo espanto y horror, pero empezó a dar brincos como una cabra loca, aleteando nerviosa para despistar al hombre verde y evitar así que disparara a los pollos. Su vida en esos momentos no le importaba. Pero de repente, vio que el hombre le estaba apuntando con la pistola y Rufa tuvo que salir corriendo a todo trapo. El hombre disparó un primer tiro y no le dio; un segundo, un tercero y tampoco le dio, hasta que el cuarto tiro le destrozó la pata izquierda. Rufa no podía moverse. El hombre se acercó, la apresó con fuerza por el cuello y se la llevó a un coche en donde otro hombre, también vestido de verde, lo estaba esperando. La tiró sobre el asiento trasero y los dos empezaron a reír. Aquel hombre le preguntó: "¿No decías que tenías ganas de comer cocido con perdiz? Pues, aquí tienes una buena perdiz para hacer un buen cocido mañana". Rufa no podía evitar que le viniera a la mente la conversación de los cazadores en el cortijo, pidiéndole a la cocinera si podía hacerles el día siguiente un cocido con perdices, después del primer día de caza. Pero en ese momento de dolor y agonía, lo que no podía olvidar era a sus pollos. Su pata destrozada y su corazón partido daban saltos en aquel coche viejo pintado de verde y blanco, corriendo a toda velocidad por una carretera sinuosa de tierra ocre tirando a rojo, bordeada de chumberas y pitas en aquella zona desértica. A veces, el coche avanzaba dando tumbos por trozos de ramblas pedregosas.

Rufa ya había presagiado que los pollos serían presa fácil para los depredadores. Solo cinco de ellos consiguieron sobrevivir y al final acabaron en una granja de gallinas que había cerca del cortijo. Una gallina que se llamaba Valentina los adoptó y los siguió criando como si hubieran sido sus hijos. Ella era muy conocida en la granja por su bondad y porque siempre decía a todos los animales que allí había: "Así es la vida, así es la vida". Valentina les contaba a todos que quería a los perdigones como si fueran sus hijos. "Al fin y al cabo, las perdices son gallináceas. Somos de la misma familia. Así es la vida, así es la vida" -repetía.

Cuando *El parlamento de los animales* se enteró de la trágica muerte de la perdiz Rufa, la presidenta, la perrita Lara, convocó una reunión urgente. Quería rendir un homenaje en memoria de Rufa por haber sido una madre coraje y por su lucha en pro de los derechos de las perdices. El pájaro Ulises dio un discurso alabando a Rufa. Muy afectada por su muerte, Lara informó a todos los parlamentarios que ella se encargaría de la custodia de los pollos que habían sobrevivido y haría todo lo posible para que crecieran sanos y fuertes. Visitó la granja varias veces y se tomó mucho interés por ellos. Una tarde reunió a los cinco pollos de perdiz y a Valentina para decirles algo muy importante.

LARA *(dirigiéndose a los pollos)*. Quiero deciros que habéis tenido mucha suerte al encontrar a una gallina como Valentina. Ella os ha adoptado como si fuerais sus hijos. Es buena, bondadosa y generosa. Pero si vosotros seguís aquí en la granja, un día acabaréis siendo un manjar suculento en un buen cocido con perdices, en alguna mesa rodeada de hombres y mujeres celebrando alguna fiesta.

VALENTINA. Así es la vida, así es la vida.

LARA. Aquí en la granja el futuro de una perdiz es acabar en un cocido o envasada como los mejillones en latas cerradas y etiquetadas en las que quizá se pueda leer: Perdices en escabeche del cortijo Los Romeros. También una perdiz puede acabar disecada y colocada sobre la repisa de una chimenea en el salón de una casa como objeto de decoración.

VALENTINA. Así es la vida, así es la vida.

LARA. No, Valentina. La vida no tiene por qué ser así. La vida la podemos cambiar nosotras si tenemos el coraje y la valentía de luchar por nuestros derechos. En este caso, podemos ayudar a los pollos a que se escapen de aquí. ¿Estás dispuesta a colaborar conmigo?

VALENTINA. Pues claro que sí, aunque me daría mucha pena saber que no los volvería a ver más. Pero, así es la vida, así es la vida.

LARA. ¡Así no es la vida! ¡Esta no es su vida! Ellos tienen que huir de aquí y vivir en su hábitat. Su vida se encuentra en la libertad de la naturaleza, con todos los peligros que eso conlleva. *(Dirigiéndose a los pollos).* Ya sabéis que en el mundo nos matamos unos a otros para comer.

VALENTINA. Así es la vida, así es la vida.

LARA *(dirigiéndose a Valentina).* Sí, pero ahí fuera tienen la oportunidad de luchar por su vida. Aquí dentro ya saben lo que les espera. *(Dirigiéndose a los pollos).* Tenéis que regresar a vuestro hábitat si queréis ser libres. Vuestra lucha está ahí fuera. Aquí dentro estáis condenados a muerte.

Y con la ayuda de la perrita Lara los pollos se escaparon de la granja.

ACTIVIDADES

Comprensión lectora:

1. ¿Cuáles son las principales amenazas de las perdices?
2. ¿Qué estaban los animales elaborando en su parlamento?
3. ¿Cuál es la mayor preocupación de las perdices?
4. ¿Por qué eligieron a Rufa como representante de las aves?
5. ¿Qué proponía Rufa para la lucha de las perdices?
6. ¿Qué vio Rufa en el cortijo Los Romeros?
7. ¿Por qué se quedó estupefacta?
8. ¿Qué fue lo que más le horrorizó?
9. ¿Cuántas sílabas tienen los versos del poema?
10. ¿Qué ocurrió cuando el parlamento trató la cuestión sobre la caza de la perdiz?
11. ¿Por qué Rufa escogió a Pérdix como pareja?
12. ¿Por qué los jabalíes no localizaron los huevos?
13. ¿De qué peligro hablaron Rufa y Pérdix?
14. ¿Qué temía Rufa por su pareja?

15. ¿Qué le ocurrió a Pérdix?
16. ¿Qué le ocurrió a Rufa con el zorro?
17. ¿Qué hizo el hombre vestido de verde?
18. ¿Qué idea no podía Rufa quitarse de la mente?
19. ¿Qué había Rufa presagiado?
20. ¿Cómo describirías tú los rasgos que caracterizan a Valentina?
21. ¿Qué hizo el parlamento cuando murió Rufa?
22. ¿Qué hizo la presidenta Lara con los pollos?
23. ¿Cómo ve Lara la vida y la libertad?

LENGUA:

Escribe los sinónimos de las siguientes palabras: amenaza, señuelo, vencer, asamblea, elaborar, extraño, pronosticar, emotivo, puntualizar, quebrar, segar, presagiar, coraje, conllevar.

Escribe los antónimos de las siguientes palabras: desengañar, ignorancia, solidario, gozar, emotivo, asustar, espanto, despistar, bondad, alabar, suculento, valentía, huir, libertad.

VOCABULARIO:

depredador: un animal que caza otros animales de distinta especie para alimentarse.

hábitat: zona en la que vive una especie animal o vegetal.

señuelo: lo que se utiliza para atraer a las aves.

paraje: un lugar alejado.

El parlamento de los animales: es un libro en donde un grupo de animales se reúne en una cueva por primera vez para constituir un parlamento con objeto de aprobar leyes para defender sus derechos porque creen que el planeta les pertenece a ellos tanto como a los seres humanos.

asamblea: reunión de muchas personas convocadas para un fin determinado.

orden del día: puntos que se van a tratar en una reunión.

pronosticar: decir lo que sucederá en un futuro.

disecar: preparar a un animal muerto para que no se descomponga y conserve la apariencia que tenía.

estupefacta: sorprendida hasta el extremo de no saber cómo actuar.

descorazonada: que ha perdido el ánimo y la esperanza.

cerro: elevación en el terreno de menor altura que el monte.

matanza: multitud de muertes producidas de forma violenta.

posar: cesar de volar y detenerse en un lugar.

barriada: pueblo pequeño.

enfurecida: muy furiosa, enfadada.

emotivo: con emoción.

sesión: reunión.

efusión: exteriorización de los sentimientos.

apareamiento: unión sexual de los animales de distinto sexo para procurar su reproducción.

euforia: sensación intensa de alegría.

espolón: saliente óseo que aparece en la parte más delgada de las patas de algunas aves.

quebrada: partida.

localizar: averiguar o determinar el lugar en el que se halla algo.

rotundidad: seguridad y firmeza que no admite duda.

fumigar: desinfectar para combatir plagas de insectos y organismos nocivos.

pesticida: producto para combatir una plaga o cualquier cosa dañina.

puntualizar: explicar con detalle.

vista aguda: rápido en percibir las sensaciones.

perdigones: pollos de perdiz.

astuto: con astucia o hábil para engañar.

segar: cortar.

palma: árbol de tronco áspero y de copa sin ramas formada por hojas largas, duras y puntiagudas.

espanto: terror, asombro.

a todo trapo: muy de prisa.

aquel: designa un término del discurso que se nombró en primer lugar.

agonía: sufrimiento angustioso.

sinuoso: que tiene recodos o curvas cerradas.

bordeada: por la orilla del camino.

chumbera: planta muy carnosa. El fruto es el higo chumbo.

pita: planta con hojas carnosas provistas de espinas en los bordes y en la punta.

presagiar: anunciar o prever algo.

adoptar: hacerse cargo como hijo propio, sin que sea hijo biológico.

rendir homenaje: dar o celebrar un acto en memoria de alguien.

madre coraje: con valor y fuerza para afrontar algo.

en pro de: en favor de.

alabando: dando muestras de admiración.

custodia: protección y vigilancia.

sobrevivir: vivir después de un determinado suceso.

manjar suculento: comida exquisita y sabrosa.

envasar: meter en un recipiente para su conservación.

conllevar: implicar, suponer.

1. ¿Qué significa "ponte a trabajar y deja de marear la perdiz"?
2. ¿Qué significa "por el pico se pierde la perdiz"?

La caza de la ballena

Este relato seleccionado aquí muestra lo que se ha hecho a lo largo de la historia con estos animales tranquilos y sociables. Por suerte, en la actualidad la caza de la ballena está sujeta a controles estrictos, o no tan estrictos, como se ve en el conocimiento del medio. Se publicó en marzo de 1944 en la Antología *La hora del alba*, del profesor Rafael Ferreras, con la intención de que los jóvenes "se conviertan en verdaderos lectores". Su autor es Vittorio G. Rossi y su traductor al español Jorge Montal. En el relato se ha suprimido un párrafo, la mitad de otros dos y también algunas palabras para facilitar su lectura.

Tarde. Seis toques de campana.

-*Kiokken er tre*: son las tres -exclamó en medio de un humeante bostezo un ballenero que extinguía sueño y cansancio dentro de un montón de toldos. Se levantó del montón y voluptuosamente se estiró. Después dio ruidosamente con los pies en la cubierta, exclamando:

-*Nasebit*: frio de perros -y con el paso fangoso que dan las botas de goma se dirigió hacia el palo para subirse y relevar la guardia al vigía.

En aquel momento el vigía se estiró en la cofa como un gallo al primer canto del alba, y gritó:

-*Blast styrbord forut! To.* ¡Soplo al largo, a la derecha! -y después aún-: *Blast forut! To.* ¡Dos!

El mar era verde, verde vitreo; por encima tranquilamente, pasaban las formas ambiguas, grises y frías, de las nubes, y la luz llegaba, ya atenuada y flébil, ya más intensa, como la llama de una lámpara a punto de faltarle el aceite.

Dos surtidores habían salido de la superficie del mar, derechos, vaporosos, frágiles: juntos habían sido proyectados, juntos se extinguieron.

-Dos.

Las dos ballenas respiraron una vez, y otra vez aún; después, desaparecieron.

Pasó una hora. Los ojos, fatigados de escrutar punto por punto la superficie de las aguas, lagrimeaban; las aguas y el horizonte parecían girar vertiginosos alrededor: loco tío vivo de malaquita. Las esperanzas se marchitaban; masas de nieblas se movían ya en el aire lejano: una muralla de calígine empezaba a formarse. La sombra de la desgracia volvía a extenderse, lúgubre, sobre el barco ballenero *Undine.*

El arponero había descendido del castillo de proa, se había arrimado con la espalda contra el mástil y llevaba el gorro arrugado bajo el brazo. La cabeza debía de arderle. Movía la cabezota rapada escudriñando las aguas, ferocísimamente, con relámpagos homicidas en los ojos, como un amante traicionado.

De un brinco, ya tenemos al hombre en el castillo, agarrado al cañón. Aquel hombre tan grueso y macizo se ha lanzado allá arriba como el tapón de una botella de champán.

-*Hardt bagbord!* ¡Todo el timón a la izquierda!

Las dos ballenas estaban allí, a cien metros de distancia, de través a la izquierda; estaban detenidas holgazanamente, en un vasto círculo de espuma. Eran como dos escollos orlados de ligera resaca.

El cañón retumbó, el arpón silbó en el aire y la cuerda restregó volando fuera de bordo. Desde la cofa desde el puente, desde la proa, hubo un solo grito:

-*Fast fisk!* ¡Herida!

Fulminantemente, las dos ballenas se sumergieron. Una llevaba clavado el arpón en el dorso: sesenta y cuatro quilos de acero; la cuerda del arpón continuaba desarrollándose rozando el mar, y el mar continuaba engulléndola.

La ballena tembló de pronto, tembló violentamente, como si la proa hubiese chocado contra un escollo. El cabo, cortando el agua como una ballesta, había adquirido gran fuerza: tenso como hierro y goteante, subía del mar a la proa del *Undine.* La ballena tiraba del buque.

Es necesario añadir que en todo el horizonte no se veía otra cosa que el desierto del mar y el lento humear de las nieblas; era como estar solos sobre el inmenso mar, solos sobre la tierra, y la sensación de aquella infinita soledad, mezclándose con los recuerdos de la escuela, producía en mí una especie de exaltación.

Los balleneros llevaban por la cubierta un grueso cabo de un nuevo arpón. El cabo estaba mojado, rígido, y el trabajo era fatigoso, pero quien ha cazado una ballena que está atada a la proa, viva aún, y tira de la nave, se imagina que todo bulle en empresas e ideas grandes. Ahora los balleneros trabajaban concienzudamente y en sus rostros no había un signo de excitación. De aquella sonrisa iluminada por dentro que tiene el jugador que ha vencido, ni la más leve muestra: caras desoladamente frías y compuestas con miradas lentas y acuosas de mondadores de patatas. Mortificado, replegué con presteza mi importuno entusiasmo.

El agua se abrió tempestuosamente, se derramó por dos lados en dos hirvientes marejadas: entre salpicaduras y espuma emergió la cabeza de la ballena. Salió un chorro de vapor. Se oía el respirador del animal, afanoso, a golpes, como un émbolo que marcha a sacudidas.

-¿Dónde está la otra ballena?

-La otra ballena se ha escapado. Y si se ha escapado quiere decir que es una hembra.

En efecto, cuando su macho ha sido herido, la hembra emprende la fuga, abandonando al macho a su mortal destino; pero si es herida la hembra, el macho no escapa: devoto, intrépido, permanece a su lado, y con ella anda, hasta que la hembra ha muerto.

Una meditación me interrumpe estas graves meditaciones: el cañón había disparado y otro arpón había penetrado en el corpachón de la ballena.

-*Fast fisk!* Se veía salir los dos cabos del brillante y redondo dorso, como dos bridas que vibraban frenéticamente.

-Ahora la ballena, con dos arpones encajados en la carne, sufre dolores atroces -me dice un ballenero.

En esto no había pensado. La ballena no grita, le falta aquella válvula de escape del dolor que es el grito, por eso, para quien está fuera de ella, es como si la ballena no sufriera. Pero si la ballena gritara, daría un aullido telúrico, sería el grito de las vísceras del mar, y las aguas se llenarían de terror y el hombre sentiría helársele la sangre en las venas.

La ballena había vuelto a zambullirse; su carrera trágica bajo el agua disminuía. Las cuerdas a veces se aflojaban y a veces daban un estirón a la proa que saltaba vibrando como un tambor.

-¿Cuánto tiempo puede permanecer bajo el agua herida como está?

-Hasta una hora. Los arpones han atravesado la grasa, un buen medio metro de grasa, y se han plantado en la carne, pero no han tocado ningún órgano vital.

-Se comprende. Irá para largo.

Una media hora había transcurrido cuando la ballena volvió a la superficie del mar.

Los dos cabos fueron arrollados a la grúa; la grúa viró. Viraba forzada, chillando y crujiendo. La ballena resistía, se sostenía fuerte, daba golpes potentes, violentos, que hacían saltar a los hombres.

El arponero volvió a cargar el cañón. Seguro, reposado, como uno que da los últimos toques a su trabajo, introdujo en la boca del cañón un arpón sin aletas, y en la punta del arpón atornilló una granada. Apuntó y tiró. El huso de hierro de la granada penetró en el cuerpo de la ballena y en aquellas vastas carnes hizo explosión. Con ímpetu furioso la ballena se disparó: era el derrumbamiento de una mole en medio del enfurecimiento de las aguas; los cabos parecían romperse.

Los hombres tiraron con fuerza del cabo, cuyo arpón llevaba el explosivo, y el arpón se desprendió de la carne de la ballena y fue izado a bordo. El cañón fue cargado otra vez, otra granada en la punta del arpón, ¡fuego! Y la ballena, nuevamente herida, lacerada interiormente por la explosión de la granada, huyó hacia adelante. Pero desde este momento era un movimiento cansado; ya se sentía a la muerte muy cerca del animal. Respiraba pesadamente, con una respiración entrecortada, con grandes soplidos, roncos, a golpes; largas y violentísimas sacudidas lo recorrían. El surtidor de la cabeza se coloreó de rojo y lanzó un chorro encarnado, con más sangre que agua. La cola salió tres, cuatro veces del agua, como una vela a la que una ráfaga de tempestad, súbitamente, hincha y sacude; al fin se desplomó y se quedó inerte.

Otro estremecimiento, grandísimo; después, ninguno más. Como una isla de carne, la ballena quedó inmóvil sobre el agua veteada de sangre; luego, comenzó a hundirse.

La grúa volvió a virar, tiró de los cabos de los arpones y sacó la ballena a flote. No parecía un animal, sino un barco naufragado. Colonias de cangrejos y extraños moluscos, y pequeños peces grisáceos y viscosos pululaban sobre el gran cuerpo muerto. Eran las pulgas, los parásitos de la ballena. Dicen los balleneros que cuando los parásitos ocasionan prurito a la ballena, ésta se acerca a las naves y con rabia y voluptuosidad se restriega contra la carena. Citaban hasta los nombres de las naves que la habían sentido restregarse.

Tres marineros se calzaron las botas de goma con la suela claveteada de púas de acero para andar por el dorso viscoso del animal. Así calzados, descendieron.

Había cuatro rasgones en el dorso de la ballena, los cuatro arponazos. En una introdujeron un tubo de goma que habían bajado de a bordo. Inyectaron aire en el cuerpo del animal, que se hinchó y se sostuvo en el agua. Después, con sacos, estopa y batido de manzana, taponaron los cuatro rasgones. Pasaron una cadena alrededor de la cola y vuelta hacia proa; la ballena quedó sujeta a la ballenera. Un ballenero blandió un hacha, cortó las aletas, y dio cuatro cortes a la cola, tantos como golpes de arpón.

ACTIVIDADES

COMPRENSIÓN LECTORA:

1. ¿Cuál es la misión del vigía en un ballenero?
2. ¿Cuánto pesaba el arpón de acero?
3. ¿Cómo tiraba la ballena del *Undine*?
4. ¿Qué se veía en el horizonte?
5. ¿Qué llevaban los balleneros por la cubierta?
6. ¿Por qué en los rostros de los balleneros no había un signo de excitación?
7. ¿Cuántos arpones disparó el arpón?
8. ¿Cuánto tiempo puede permanecer una ballena bajo el agua?
9. ¿Qué llevaba atornillado el arpón?
10. ¿Cuántas veces salió del agua la cola de la ballena?
11. ¿Cómo se quita la ballena los parásitos de su cuerpo?
12. ¿Cuántos rasgones había en el cuerpo de la ballena?
13. ¿Por qué se inyectó aire en el cuerpo de la ballena?
14. Describir el descuartizado final en este ballenero convertido en matadero.

Lengua:

Escribe los sinónimos de las siguientes palabras: explorar, frágil, agarrar, retumbar, fatigoso, mortificado, presteza, tempestuoso, fuga, intrépido, víscera, aflojar.

Escribe los antónimos de las siguientes palabras: vertiginoso, lúgubre, frágil, agarrar, inoportuno, penetrar, aflojar, estirar, grasa, violento, clavar, hinchar.

Vocabulario:

bostezo: abertura involuntaria de la boca causada por el sueño.

voluptuosidad: complacencia o satisfacción en el placer de los sentidos.

ballenero: pescador de ballenas y barco ballenero.

cofa: plataforma colocada en los palos del barco para vigilar.

atenuado: disminuido en fuerza o intensidad.

a la derecha: a estribor, según se mira de popa a proa en una embarcación.

flébil: triste.

surtidores: chorros.

escrutar: explorar.

tío vivo: un carrusel, una atracción de feria, una plataforma giratoria sobre la que hay caballitos y vehículos a pequeña escala, en la que los niños se pueden montar.

calígine: niebla densa y oscura.

lúgubre: triste, melancólico.

proa: parte delantera de una embarcación.

popa: parte posterior de una embarcación.

mástil: palo largo y vertical que sostiene la vela.

escudriñar: examinar.

a la izquierda: lado de babor, según se mira de popa a proa en una embarcación.

de través: atravesado de un lado a otro.

escollo: roca o peñasco poco visible en la superficie del agua.

orlado: adornado con orlas, con tiras o franjas en los bordes.

resaca: movimiento de retroceso de las olas después de llegar a la orilla.

fuera de bordo: fuera de la embarcación; el antónimo es a bordo.

engullir: tragar con ansia y sin masticar.

cabo: cuerda.

ballesta: arco portátil que se usa para disparar flechas u otros proyectiles.

exaltación: entusiasmo o excitación del que se deja llevar por los sentimientos.

bullir: ebullir, surgir y mezclarse.

acuoso: líquido semejante al agua; mirada acuosa, humor acuoso.

mondar: pelar patatas.

marejada: agitación violenta de las olas sin llegar a ser un temporal.

afanoso: que supone un gran esfuerzo.

émbolo: cuerpo ajustado a su interior y que se mueve alternativamente para comprimir un fluido o para recibir movimiento de él.

devoto: que tiene devoción, sentimiento intenso o respeto.

intrépido: que no se detiene ante el peligro.

detonación: liberación brusca de una gran cantidad de energía, produciendo un incremento rápido de presión, con desprendimiento de calor.

corpachón: un cuerpo muy grande.

bridas: conjunto formado por las correas que van sujetas a la cabeza y a las riendas de una caballería, que sirven para frenar y dirigir.

telúrico: del planeta Tierra, como los terremotos, seísmos.

vísceras: entrañas, órgano contenido en una de las principales cavidades del cuerpo.

zambullir: meter debajo del agua de golpe.

huso de la granada: una espoleta o dispositivo para provocar la explosión de la carga del artefacto.

ímpetu: violencia.

izar: subir.

lacerar: magullar, lastimar.

entrecortada: con interrupciones.

encarnado: de color más o menos rojo.

inerte: sin vida.

viscoso: sustancia líquida, pegajosa y espesa, como la miel.

prurito: picazón.

carena: parte del barco que está debajo de la línea de flotación.

rasgón: roto.

estopa: cáñamo que se usa para tapar juntas.

blandir: mover y hacer vibrar en el aire.

CONOCIMIENTO DEL MEDIO: LA PERDIZ

La perdiz roja, conocida también como Alectoris rufa, es una especie de ave galliforme de la familia *Phasianidae*, es decir, faisanes, perdices, gallos, pavos, codornices y otras aves semejantes. Alectoris es una palabra griega que significa gallina. Y rufa en latín significa roja. La perdiz roja es un género encuadrado en la subfamilia *Perdicinae*. Ya hemos visto que un subgénero es cada uno de los grupos particulares en los que se divide un género.

La especie Alectoris rufa es la más codiciada o deseada en el mundo cinegético. La cinegética es el arte o técnica de la caza. Y la cetrería es la técnica de criar, cuidar y adiestrar aves rapaces, como por ejemplo el halcón, que se utiliza para cazar. Ya en la Edad Media los nobles practicaban la cetrería. Esta perdiz se considera una especie autóctona de España y Portugal. También se encuentra en otros lugares, como en el sur de Europa, norte de África, Córcega, las Islas Baleares y el sur del Reino Unido, que fue introducida como una especie cinegética. Para los cazadores, la perdiz roja supone un reto debido a la dificultad de cazarla o abatirla, ya que significa derribar a tiros a la presa que se ha seleccionado. Un cazador con una escopeta ante un ave que no puede defenderse, no podemos considerarlo un héroe. Pero la perdiz sí es una heroína al defenderse con su potente arrancada y su rapidez en el vuelo.

La perdiz roja posee una variedad de colores con un plumaje pardo-rojizo, una garganta blanca, un cuello robusto y una cola corta. Los colores de las patas, los ojos y el pico curvado hacia abajo son rojos. El extremo inferior del abdomen y la parte inferior de la cola muestran un color canela rojizo. En los flancos tiene colores rojo, blanco y castaño con una sutil línea negra. En la cabeza tiene una lista negra que va desde la base del pico, cruzando el ojo y curvándose hacia abajo hasta la garganta.

Vive en lugares pedregosos, en terrenos secos y montes bajos; también en matorrales y en lugares ocultos como setos y surcos de sembrados en donde deposita sus huevos, una cantidad que va de 12 a 18. Los huevos son grandes, de forma ovoide, fuertes y consistentes. Quizá esto se deba a una escasa protección. La incubación la realiza la hembra y a veces el macho, con una duración aproximada de 23 días. Al poco tiempo de abandonar el huevo los pollos dejan el nido y siguen a la madre aprendiendo pronto a buscar el alimento, siempre con la antena vigilante y la protección de su madre. También se inician en la práctica de correr y volar. Se alimentan de las larvas de insectos, moluscos pequeños, gusanillos y así van desarrollándose hasta llegar a adultos y convertirse en granívoros, es decir, que ya se alimentan de granos. Las perdices pueden completar su dieta con insectos y otros pequeños invertebrados. La perdiz roja necesita beber agua diariamente, por esta razón suelen encontrarse en las cercanías de los lugares en donde hay agua.

Al hablar de la caza, tenemos que saber la diferencia entre caza mayor y caza menor. Se entiende por caza mayor a las especies adultas más grandes que el zorro, como por ejemplo el jabalí, corzo, lobo, ciervo, gamo, la cabra montés y el rebeco, un mamífero rumiante del tamaño de una cabra, con gran agilidad para los saltos y que habita en zonas de rocas escarpadas. Las modalidades de caza menor de las especies cinegéticas varían de un país a otro. En España se entiende por caza menor a las especies adultas menores que el zorro, como la perdiz, codorniz, conejo, liebre y la paloma. Existen otras variedades de caza, como la caza de montería, aguardo o espera y reclamo con la ayuda de una perdiz viva enjaulada y puesta en un lugar para atraer a las otras perdices y así atraparlas con redes. También los cazadores les disparan con una escopeta a bocajarro desde el puesto del cazador, es decir, desde muy cerca, sin pensárselo dos veces.

Como ya señaló el filósofo español Ortega y Gasset en su libro *Sobre la caza, los toros y el toreo*, desde "todos los tiempos de que hay memoria" hasta nuestros días "los hombres, de las más varias condiciones sociales se dedicaron a cazar por gusto, capricho o afición". Por tanto, "el tema de la caza" adquiere un "enorme tamaño" y por eso "es asunto más peliagudo de lo que al pronto puede parecer". Y acaba preguntándose al final del primer capítulo: "¿qué diablo de ocupación es esta de la caza?" Con otras palabras: el ser humano comenzó a cazar para subsistir. Y "la vida entera del animal está modelada en la espera incesante de una agresión; para él vivir es un perpetuo alerta ante el cazador". La especie humana ha practicado la caza desde la prehistoria como principal ocupación para garantizar su existencia y poblamiento del planeta.

En la mitología de la cultura de la Antigua Grecia encontramos leyendas sobre dioses, reyes y héroes. Artemisa, hermana melliza del rey Apolo, representaba la divinidad de los cazadores. Era la diosa de la caza y de las criaturas de la selva. Según la leyenda, Quirón fue instruido por Artemisa en el arte de la montería. En los textos mitológicos y religiosos de la Biblia encontramos muchos ejemplos sobre la caza. En Roma los esclavos y la gente de clase baja cazaban. Y cuando los francos conquistaron Galias, se reservaron tierras para cazar porque consideraban la caza como un ejercicio noble. Antiguamente la caza se permitía a todo el mundo.

Hoy la caza es legal, pero está regulada. Los grupos animalistas han conseguido en algunos países, como ocurrió en Costa Rica el año 2012, prohibir la caza deportiva. En 2019 Colombia también declaró ilegal la caza deportiva. En África tenemos muchos casos con los safaris organizados para matar animales salvajes en países como Kenia, Botsuana y Zimbabue. Estos safaris para cazar elefantes salvajes han dado lugar a episodios escandalosos bien conocidos. La indignación internacional ha abierto un debate que resulta preocupante al constatar la disminución de la fauna salvaje.

Vemos que el principal problema que afecta a los animales salvajes es el ser humano. En el caso de la perdiz roja, tiene depredadores como el zorro, las aves rapaces y otros mamíferos. Si bien la caza está regulada, hay una gran explotación cinegética, en muchos casos con la caza furtiva, es decir, cuando la persona que caza o pesca lo hace a escondidas sin permiso en un coto vedado. El coto es un terreno marcado con unos límites para reservar su uso. Si el terreno está vedado, entonces está prohibido cazar para proteger su fauna, que es el conjunto de los animales que ocupan ese lugar geográfico donde viven. También es un gran problema las sustancias que se utilizan para combatir las plagas en los cultivos, que matan a las perdices. Esta explotación cinegética ha causado un descenso de la especie que ha obligado a repoblar algunas zonas con ejemplares criados en cautividad. Esto significa criarlos en cautiverio, es decir, privar de libertad a animales no domésticos. Algunos biólogos no están de acuerdo con el cautiverio de los animas salvajes.

Al reconocerse las amenazas y el camino inexorable hacia la desaparición de la perdiz roja, ya hay propuestas para su recuperación. Sin duda, necesitamos alternativas medioambientales sostenibles. Tenemos que implantar buenas prácticas agrícolas que favorezcan la biodiversidad. Tenemos que actuar debido a la alteración de su hábitat, el uso de pesticidas y los cambios de la agricultura tradicional. No olvidemos las palabras del naturalista español Félix Rodríguez de la Fuente sobre la perdiz roja: “es un ave singular y emblemática de nuestra geografía que parece condenada a la desaparición por el deficiente uso de la agricultura intensiva en algunas siembras de nuestra geografía”.

Conocimiento del medio: la ballena

La ballena pertenece al orden o familia de los cetáceos. La palabra cetáceos, *cetácea*, deriva del griego y significa ballena, de la familia *Balaenidae*. Existen 84 especies, 71 de ellas son ballenas con dientes y 13 son ballenas con barbas. La mayor de ellas es la ballena azul o rorcual azul, el animal más grande de la Tierra, que puede pesar hasta 150 toneladas. Tiene pulmones y como todos los mamíferos es de sangre caliente. La más pequeña es la marsopa común. Como ejemplos de cetáceos con dientes tenemos el delfín, la orca, la marsopa y el cachalote. Estas tienen un solo respiradero. Podemos citar otras como la ballena gris, la yubarta, la jorobada, la ballena franca boreal, la austral, la del Pacífico Norte y la de Groenlandia. Las ballenas con barbas, conocidas también como misticetos, en lugar de dientes se alimentan absorbiendo agua y expulsándola por las barbas, que son unas láminas o placas en forma de peine colgadas de su mandíbula superior. Al expulsar gran cantidad de agua filtrada, quedan pequeños organismos para alimentarse, como peces pequeños, kril, moluscos y crustáceos. A esto se le llama el plancton marino, formado por pequeños animales, algas y organismos vegetales que flotan y se desplazan pasivamente por el agua. El plancton, formado por el zooplancton y el fitoplancton, se extiende por todo el planeta.

Los cachalotes, como el que hemos visto en la película sobre el libro *Moby Dick*, tienen en la cabeza una especie de aceite que se llama esperma. Durante muchos años los humanos han cazado cachalotes para obtener su aceite, la grasa y la carne. La cola tiene dos puntas para darle un fuerte impulso propulsor. Por esta razón cuando se sumergen vemos la cola elevarse en el aire antes de sumergirse. Los orificios nasales están en la parte superior de la cabeza para expulsar el aire. Por estos respiradores sueltan el chorro del aire. Se dice que la caza de ballenas se realiza desde los tiempos prehistóricos. Su caza se limitaba a capturar estos animales cerca de la costa. Pero con el paso de los años las técnicas de caza fueron mejorando.

En la Edad Media, el período comprendido entre los siglos V y XV, cuando las ballenas abandonaban las aguas frías del mar del Norte y se acercaban a las costas de aguas más calientes, los vigías daban la voz de alarma cuando las avistaban y las cazaban con botes de remo y arpones que les clavaban en la cabeza hasta que el animal, después de una larga lucha, moría exhausto, completamente agotado. Entonces lo remolcaban hasta la costa. En la industria ballenera del siglo XI, los pescadores vascos comercializaron los productos derivados de la caza de este animal. Fueron pioneros en la caza de ballenas en las aguas de Terranova y de Labrador, Quebec (Canadá), y también fueron los únicos que cazaron en el Atlántico occidental hasta el año 1.600.

Desde el siglo XV hasta principios del siglo XX se practicó una caza indiscriminada en la era industrial, debido a la necesidad de aceites. El autor de *Moby Dick*, Herman Melville, que trabajó en barcos balleneros por los Mares del Sur, nos explica en varios capítulos de forma detallada que la Revolución Industrial hizo posible la mejora de los arpones, construcción de buenos barcos (capítulos 16 y 96) hasta el punto que consideró al barco ballenero americano, "quizá el más perfecto jamás desarrollado". De los capítulos 60 al 63 nos da "la mejor descripción posible de la caza y muerte del animal. En los capítulos 67 y 78 nos da un cuadro completo del proceso del "*cutting-in*", o despedazamiento de la ballena muerta, amarrada a una banda del barco y con los tiburones descuartizando el animal de forma violenta, que parece el espectáculo cruel de una matanza en un cuadro costumbrista del siglo XIX, convirtiendo el ballenero en un matadero de ballenas para vender su carne y los productos extraídos, como aceites para usos industriales, iluminación y alimentación: esperma-ceti para cosméticos; ámbar gris para perfumes; glándulas endocrinas e hígado para productos farmacéuticos. Todos, productos desarrollados en el siglo XX.

La persecución que las ballenas sufrieron en el siglo XX hizo que su población global descendiera debido a la industria ballenera, llegando incluso al peligro de desaparecer. Como resultado de esta situación se tomaron medidas urgentes y el 2 de diciembre de 1946 se firmó en Washington D.C. la Comisión Ballenera Internacional (CBI), bajo la Comisión Internacional para la Regulación de la Caza de la Ballena (CIRCB). Pero en 1948, los botes balleneros que se adaptaron para utilizarlos con fines bélicos en la Segunda Guerra Mundial, ahora se emplearon en la caza de la ballena, que continuaba sin ninguna regularización, ni desarrollo controlado. Por fin, en 1986 entró en vigor la moratoria CBI para terminar con la cacería comercial, pero al permitir la CBI una cacería científica, países sin escrúpulos, como Japón, Islandia y Noruega, utilizaron la supuesta cacería científica para seguir la explotación indiscriminada de la cacería comercial. Sí se permitió una cacería de subsistencia a las comunidades indígenas que habían seguido esta actividad como parte de su cultura.

Hoy, organizaciones sin ánimo de lucro, como la ONG *Sea Sheperd Conservation Society*, realizan campañas para la conservación de la fauna marina con el fin de proteger y conservar el ecosistema y las especies. Esta organización actúa directamente, interfiriendo las operaciones de los barcos balleneros para acabar con la destrucción del hábitat y la matanza de la fauna en los océanos del mundo. Podemos ver el artículo "Islandia, Japón y Noruega continúan con la caza de ballenas, a pesar de la moratoria", publicado en EFE Verde. Celia Ojeda, responsable de biodiversidad de esta organización en España, subraya que estos tres países continúan cazando esta familia de cetáceos, "esencial para los océanos y su biodiversidad, pese a la moratoria firmada en 1982 por la CBI para detener su captura", que entró en vigor en 1986, como se ha señalado. Ojeda incluso afirma que "las ballenas tienen que ser protegidas de manera permanente" porque gracias a la insistencia de los movimientos ecologistas, con la moratoria las poblaciones de ballenas "se han recuperado".

Como hemos visto en el relato, los arponazos explosivos utilizados causan una agonía prolongada en la muerte del animal. Queda claro que tenemos que actuar para detener las matanzas salvajes de ballenas.

¿Lo sabías?

En la mitología griega, Pérdix (perdiz en griego) era hijo de la hermana de Dédalo, de quien fue alumno. A Pérdix se atribuyen las invenciones de la sierra, el formón, el compás y el torno de alfarería. Sus habilidades provocaron los celos de Dédalo, quien terminó empujándolo desde lo alto del templo de Atenea en la Acrópolis. Pero la diosa del ingenio lo vio caer y cambió su destino transformándolo en un ave bautizada con el nombre de perdiz. Esa ave no hace su nido en los árboles ni vuela alto, sino que anida en los setos y evita los lugares elevados, consciente de su caída. Por su crimen, Dédalo fue juzgado y desterrado.

La perdiz roja ha pasado a una situación crítica debido a la caza masiva.

España es líder en el uso de insecticidas y también el país que utiliza más plaguicidas en Europa.

El colibrí o pájaro mosca es el más pequeño del mundo, con un pico muy largo y delgado y el plumaje de colores muy vistosos. Mide solo 6 centímetros de largo y su huevo un centímetro.

El avestruz pone los huevos más grandes del mundo, llegando a alcanzar un peso de más de un kilo y medio. No hay dos aves que pongan los huevos iguales.

El escritor estadounidense Herman Melville escribió el libro *Moby Dick*, sobre una ballena blanca. El capitán Ahab está obsesionado con dar caza al gigantesco cachalote blanco, Moby Dick, pero este cachalote es el que mata al capitán y hunde al barco ballenero *Pequod*. Los tripulantes del barco, los balleneros, mueren todos ahogados, excepto el joven marinero Ismael, que narra la historia. En *La caza de la ballena* vemos la crueldad de la matanza de la ballena, pero ninguno de los balleneros muere.

La ballena azul o rorcual es el mamífero más grande del mundo. Puede pesar hasta 150 toneladas (una tonelada es una unidad de masa que equivale a 1.000 kilos). Su lengua puede alcanzar 4 toneladas.

Los orificios nasales, el espiráculo, permiten respirar a la ballena y están en la parte superior de la cabeza. Puede permanecer bajo el agua quince o veinte minutos antes de salir a respirar. Y también puede permanecer en apnea de 50 a 80 minutos. El soplido puede alcanzar una altura de 9 metros.

La ballena azul vive en mar abierto y nada en la superficie porque es allí donde encuentra el plancton.

La cría de la ballena, el ballenato, al nacer mide ya 7 metros y pesa en torno a 2,5 toneladas.

Las orcas son las depredadoras absolutas de los océanos, capaces de matar una ballena azul, el animal más grande de la Tierra.

Investiga:

1. Alectoris rufa, Wikipedia.
2. Pérdix (mitología), Wikipedia.
3. Perdiz roja, Wikipedia.
4. Convención sobre el Comercio Internacional de Especies Amenazadas de Fauna y Flora Silvestres (CITES).
5. Organización conservacionista WWF, Fondo Mundial para la Naturaleza, Wikipedia.
6. Caza de ballenas, Wikipedia.
7. Cañón arponero, Wikipedia.
8. ONG *Sea Sheperd Conservation Society*.
9. EFE Verde.

Trabajo final:

1. Escribe una composición sobre las perdices y las amenazas de su especie.
2. Escribe una composición sobre las ballenas y las amenazas de su especie.

NATHANIEL HAWTHORNE

Un libro maravilloso para niñas y niños

I.S.B.N.: 978-84-1337-433-8

Publicado en 1853 con el título *Tanglewood Tales for Girls and Boys*, este libro recoge algunos de los más bellos mitos griegos, narrados por un joven a un grupo de niños con el fin de enseñarles las maravillas de los orígenes del mundo.

Hawthorne versiona en estas páginas: "La cabeza de la Gorgona", donde Perseo combate a muerte al temible monstruo; "El toque de oro", con el que el rey Midas convierte en oro todo lo que toca; "El paraíso de los niños", en el que se narra cómo la temible caja de Pandora es abierta; "Las tres manzanas de oro", cultivadas en el jardín de las Hespérides y codiciadas por el valiente y fuerte Hércules; "El cántaro milagroso", en el que Filemón y Baucis darán de beber por siempre a los sedientos y "La quimera", a la que se enfrenta el valiente Belerofonte, montando al magnífico Pegaso.

Un libro maravilloso para niñas y niños es un excelente libro para introducir a los niños en la maravillosa cultura y mitología griegas.